文
景

Horizon

社 科 新 知　文 艺 新 潮

立斋文存

刘东

……著

引子与回旋

上海人民出版社

目 录

自序：引子与回旋

——自我互文与意识推进

在编定这本新的文集之前，我要先写出一篇简短的序文来，以解释自己写作的一个原本是微不足道的特点，——然而它却既构成了这些文章的某种标志，从中也可以见出我自己平生的一点追求。

就在最近，又有一位爱读我这些文章的朋友写信过来，谬奖我是“最会也最敢”进行“自我引证”的。——不过，说“最会”我自是不敢当，说“最敢”却又太自负了吧？所以照我说，只是养成了一种改不掉的积习：只要能回想起在哪个问题上，自己早已白纸黑字地、心劳日拙地论述过了，那么，哪怕那段话只是藏在往日的电邮中，我也很想再把它寻找和引证出来，说明这个问题已被自己认真思考过了。

这种无意间留下的积习，好像还形成得相当之早。记得那还是在 1980 年代，周国平想让我写篇有关叔本华的文章，收到他那本《诗人哲学家》中去，此兄就曾专门写信来提示我，注意少引点儿自己的“经典著作”。——这当然只是一句玩笑话，因为他这里所讲的“经典著作”，只不过是我早年的那本“处女作”，其中正好也讨论过叔本华的思想。由此回想起来，朋友们对于我的这种习惯，大概在几十年前就有了解吧？

陈来兄也就此跟我交换过看法，委婉提出我这种写法至少是“不合常规”的，而我对此当然也坦率地予以承认。只不过，再等碰到了某个旧有的节点，它既构成了哪篇新作的学术环节，而眼下却又不能把它论述得更好，那么，除了把以往的思考老老实实地引证出来，我还是不知道如何是好。虽则说，既然这些文字原是自己写的，那么，即使再把它依样复述一遍，不去打上引人注意或授人以柄的“引号”，也并不算违反任何学术的纪律，可是，我偏偏不愿随这样的大流，——因为我几乎是从一开始，就从这里边看出了不无可怕之处的，会让思想疏懒甚至堕落下去的危险。

事实上，已经有太多的人早在这么做了！跟那些公然的剽窃行为不同，这些人大概还不致去抄袭别人；可他们千真万确、切切实实地，就是在不断地重复着自己，甚至只凭着同一种人所共知的意思，就能不厌其烦地生产出大批论文来，以掩饰自身创造力的减退乃至枯竭，也顺便来应付一下好大喜功的上峰，以便再从那里讨得皇粮和封赏。——既已置身在如此恶劣的世风中，我就更要把以往的思考都给标示出来了，以便在新的作品中可以和盘托出，让读者们知道哪些想法是自己新近萌生的，而哪些想法则只是以前想起来的。

当然，这种“不合常规”也未必就能普遍适用，不然的话，只怕它又要变成一种新的“常规”了。我无非是觉得，如果不考虑太多外在的清规戒律，那么，它至少还是适于我本人的内心状态的，尤其是，它适于我现在这种越来越放松且越来越流利的写作状态。我甚至觉得，实则孔子所讲的“学而时习之”和“温故以知新”，大约也就应当是这种样子，——也就是说，每次阅读都必须要有所突进，每次思索又必须要有所回顾，而这种在意识深处的回环往复，也正好意味着心智开展的健康过程。

难免遇到尴尬的是，在这类的回味与反刍中，尽管每一次惊喜的发现，都曾经在认识上有所推进，可过些时日再来不经意地回看，却又总会难免遗憾地发现，其中仍然留下了很多未尽之意。不过反过来说，也正是在这片新打开的天地中，自己以往所发出的那些思考，偏又意外地获取了新颖的意义。——在这个意义上，自己所进行的每一次自我回顾，以及在这个基础上的自我引证，都是要在新开的知识疆土中，赋予那些引文以更多的、以往未曾包含的意义；而这种解释学意义上的自我阐释，也正说明心灵要在“必要的张力”中，保持着可控和可欲的开放。

既然这样，也不管人们是否要“知我罪我”，为了预先就提出某种借以搪责的理由，我都要把这种别有考虑的“自我引证”，形容为我已讲过的所谓“自我互文性”——

> 我就此给出的自我辩解是：就算从消极的角度来讲，这样做也是在希望，这种跟自己昔日作品之间的特殊的互文性，至少也可以作为具体的人生轨迹，记录下一个坚持思考了几十年的、活生生的生命；而若从积极的角度来讲，这样做更是在希望：那些被援引过来的旧有的段落，一旦被拉进更上一层的构思之中，也便可以在崭新的语境与框架下，获得它始料未及的新颖意义。[1]

而进一步来反思，暗中在推动着这种意识发展的，当然还在于潜藏在自己心底的，肯定只能是到死方休的求知欲，——也就是说，正由于童年遭逢了“文革”的赤焰，难得能碰得到值得一读的好书，我便养成了作为心理反弹的，对于阅读活动的饥渴要求。虽然读到了现在的份上，已经有人在网上夸张地表扬，说跟我聊聊天会感觉我是“没有死角”的，可我仍然是“自家有病自家知”，深知自己在学识上的各种局限，并且一直都在引这一点为耻。——实际上，也正是部分地为了雪耻，尽管已经把书读了

1 刘东:《天边有一块乌云：儒学与存在主义》，南京：江苏人民出版社，待刊。

几十年，而且也已经读过了 60 岁，我每天仍要夜读到更深时分，还经常会在万籁俱寂之时，为了自己刚刚弄懂了某种道理，而它看起来又是如此重要，惊出了一脑门子的冷汗！

由此说来，如果以那句“狐狸知道很多事，刺猬知道一件事”为标准，那么，至少从我个人的本意出发，我是想要当一只思想“狐狸”的。也正因为这样，我才会在以往的文章中写道：

> 伯林正是借助于这么个比喻，向我们活灵活现地展示了某种精神性格的丰富侧面，它好奇、博学、贪心、试探、存疑、机敏、善感、警觉、胆小、惊悸、易变、随兴、温和、节制、妥协、退让、散漫、慵懒、讨巧、饶舌、幽默、嘲讽、现实、现世、世俗、人文……而且唯其如此，这才是一只既有复杂内涵又有难逾局限的正在思想着的狐狸。[1]

很显然，在对于狐狸的这许多形容语中，有不少应属于我自家体贴到的。

---

1 刘东：“伯林：跨文化的狐狸”，刘东主编：《中国学术》，第三十三辑，北京：商务印书馆，2013 年，第 13—14 页。

可有意思的是，无意间我竟又从网上胡乱读到，有人反把我说成了思想的“刺猬”，尽管又只是一只所谓“狐疑的刺猬”，或者用那位作者的原话来讲，是“一只小心翼翼行进在平衡木上、始终保持狐疑态度的刺猬”[1]。对于此语，我先是感到有点愕然，可过后再仔细寻思一下，又觉得如果在“无论知道多少事，还是为了一件事”的意义上，也可以在某种程度上对此表示认同。——也就是说，无论自己这辈子读过多少书，写过多少书，编过多少书，毕竟都是为了同一个目标，那就是在不断的阅读与反思中，去步步为营、渐入佳境地打开自己的心智。

不待言，凡是只能照这样子去发展心智的人，即使还不算什么“天资愚钝”之辈，也绝不会是凡事都能“生而知之”的吧？所以让人沮丧的是，要是在这样的意义上，只怕自己还是当不成那只“刺猬”的。我觉得，那样的学者简直都不必再学习什么了，甚至也不必再去知道“很多事”，就能自信已经一把抓准了“一件事”。正因为这样，我才明确地区分过两种阅读的方式，而其中的一种，正属于——

> 学究式的钻牛角尖，它坚持以还原主义的固执态度，沿着文明的脉络去反向寻踪，以为准保能找到最本

---

1 “狐疑的刺猬”，《用书铺成的路》（北京：北京大学出版社，2010 年）书评，首发于：http://book. douban. com/review/45379471。

源的解答，而忘却了历史从来都充满偶然，根本就不可能命令它重演一次。[1]

当然无论如何，敢于这样做也会有它的优点，那就是能够“以不变应万变”，从而避免了内心的杂音与纷乱。

相形之下，作为内心充满“狐疑”的狐狸，就没那么幸运了，而必须在“坐拥书城”的同时，也去接纳由那些砌起城墙的书本所发出的、彼此间又并不合拍的信息，正如我紧接着上文又写出的、也同样有过亲身经历的描述：

> 它基于现存语境的麻烦与问题，向着内心原本已很复杂的意识，又不断叠加刚刚获得的文化信号：“哈——！这个看法很有点儿意思，值得记下来去慢慢回味，看看跟以往的想法能否合拍……”在这样的阅读心态中，当然也就要容忍一定的杂乱、脱节与朦胧，绝不可能只根据一个新加的片段，便马上就对以往的知识全盘洗牌，否则就只能表现为一种“思想的洁癖”——经由冒失的一洗再洗，把自家头脑不断地“格式化”，

1　刘东：“伯林：跨文化的狐狸”，《中国学术》，第三十三辑，第 32—33 页。

直至单薄和偏激得近乎白痴。[1]

应当承认，这样做也是同样会付出代价的，那就是内心中不免要充满杂音，往好里说，可以是对话性和多声部的，而往坏里说，则干脆属于思维的嘈杂与混乱。我想，当孔子指出“思而不学则殆”和“学而不思则罔”时，他差不多也正是在指：无论是作为思想的刺猬，还是作为思想的狐狸，都有可能遭遇到相应的危险。——也正因为这样，我们就必须时时警惕着，在思想上光有“发散”的力量还不够，还要同时再具有“聚敛”的力量，并让这两者组合成精神的“合力”。换言之，一位真正够资格的思想者，不能只满足去当个“两脚书柜”，只顾着每天往里边充填什么，还要在“无所不读”的静夜过后，又于午后去进行充满了喧嚣也充满了“自由联想”的散步，以消化和整合进入头脑的信息，让它们到同一张“智识之网”上去各安其位。

正是这样，自己于往日发出的种种思绪，便通过不断回顾与反省，联结成了为我独有的“智识之网”。只要这根“芦苇”还在思想着，它就会不断地织补、加密与扩展，而这张网一旦被全部打开，那也就是我自己全部的生命历程了。同样是这样，我那些作为回顾与反省的自我引证，即使看上去确实有点“不合常

1　刘东：“伯林：跨文化的狐狸”，《中国学术》，第三十三辑，第 33 页。

规”，却也有助于这张“智识之网”的形成，——它不断地在把往昔的认识带到当下，也不断地在以今日的意念来重组过去，正如我前些时曾经就此所写的：

> 许多绞尽脑汁的学术话题，只要是被自己下力碰触过的，我都不会再轻易地放过，总会把这个主题悄悄发展下去，直到那些看似无关的思想线头，能从各个方向被收拢过来，联结成一张疏而不漏的网。[1]

就这一点而言，刚才提到过的那位朋友，又在后来的一封信中描述说：

> 你的这种自我印证，就好比巴赫的无穷动，一个基础旋律被反复跟进变化——不是复制，是重复带来的新意，是音乐。

同样，这一方面仍然属于“过奖”，而另一方面又不妨说是“知言”，也就是说，不管我本人追求到了多少，人家至少知道我是在追求什么。既然如此，我也索性从音乐家圣桑那里，借他那首小

1　刘东：《天边有一块乌云：儒学与存在主义》，待刊。

提琴随想曲的标题，来为这本新书命名，而这就是所谓《引子与回旋》的由来。——这至少足以表明，在看似兴之所至的随想中，在随机穿插的情绪变幻中，其实真正“一以贯之”的主题，就是在“引子”与“回旋”之间的这种对话，或者说，就是从最初的那个动机开始，所牵引出来的不断前行又不断回归的无穷思绪。

实际上，这样做最大的不便之处，就是在行文时会碍手碍脚。——过去的思想对于自己而言，既构成了一排上升的阶梯，也会构成一道无形的牵绊，不再能任由我去天马行空，有如随心所欲的、断了线的风筝。而反过来讲，这种内在的约束也同样说明了，我是打内心就厌恶某些学术“玩家”，他们竟如此地“艺高人胆大”，总是在翻手为云、覆手为雨，把思想观点玩弄于股掌之上。哪怕是要把昔日的立场彻底推翻，这些人也不会感到一丝迟疑，只顾去一路宣讲现在最想说的，而对于自己以往所持的论点，则干脆表现出那根本就不值一提，最好是谁都不要再去提它的态度；甚至，即使有谁固执地、有点煞风景地再来提示，说他以前的观点不是这样的，他们也是几句话就打发过去，就好像不知道那是“哪个傻瓜”说过的。

无论如何，那些都是“聪明人”才有本事去玩的——尽管要是弄得不好的话，有时也会落得“聪明反被聪明误”。这也就是为什么，就像黑格尔曾经反转过“主奴意识”一样，无论在私下里还是在公开场合，我也常常在“傻子”和“聪明人”之间，反复地去指出其中的辩证关系——

> “历史从来都是傻子创造的。”刘东觉得“袖手派”们太“聪明”了，反而是自己愚钝得很，也正因如此才做得如此丰富：“聪明人太聪明了，他们只能被历史创造，哪儿能创造历史？都说黄河东流去，然而九曲黄河，从来都没朝过正东，太聪明的人，都沿着切线飞出去了，只有咬定青山，朝着日出的方向走过去吧！”[1]

的确，尽管我生性就不会虚伪地自谦，然而在作为生命支撑的、决不可逢场作戏的治学过程中，我却从来也没有敢要过什么“聪明”。正因为这样，其中的学理对我也就显得“很难”，而我对它也就只有诚惶诚恐而已，连一丝一毫的幽默也不敢妄发。再者说，虽说我由于内心充满了“狐疑”，不敢说已然把握到了那学理的整体，甚至都不敢咬定它一准就是个整体，但自己在另外的意义上，毕竟又是一只“狐疑的刺猬”，所以，我也只能以始终如一的姿态，去窥视它、测验它、探求它，以不断地把握住它的崭新侧面，以及在这些侧面之间的内在关联……

1　李大白：“刘东：不能任由中国文化凋敝下去”，“腾讯文化”，2015 年 11 月 30 日，http://cul. qq. com/a/20151130/010015. htm。

毫无疑问，如果我意外而尴尬地发现，刚刚发现的那个侧面跟以往的发现之间，并不存在若合符节的关系，那么我自当要为此而大伤脑筋。可即使如此，我也不会简单丢掉以往的判断——须知那也是经过认真思考的，也仍然包含着相当的道理——而会再去进行通盘的考虑。在这样的心理基础上，如果我最终懊悔地醒悟到，自己以前的某个判断确实弄错了，那么，我一定会郑重地指出来，以向公众承担起应有的责任。但反过来说，如果我最终又惊喜地确信，自己新近获得的某种领悟，跟以往所认识到的某个侧面，不仅不存在背离、脱节和抵牾，反而还存在相当的妙合与互补，那么，我也会借助于自我引证的方式，把思想间的这种契合再给指出来。这后一点，对我来说是尤为重要，因为它正说明了自己的工作在持续，而治学的生命也没被白白耗费。

最后，既然已经说到了“愚钝”或“笨拙”，那么至少在一件事上，自己是一向都自叹弗如的，那就是在“学院政治”或“学术经济”方面。且不说糟心而让人沮丧的前者了——那可以说是当前最大的校园污染——如果经济学的一般原则是，以最少的投入获得最大的收益，那么，谁还会像我这个笨伯一样，大半辈子都不去抓紧写作，反而到了都快要退休的年龄，什么职称都不需要再评了，却越来越写到兴头上来了呢？一般而言，到了这个年龄段的学者，如果不是已经在鞠躬谢幕，也大多只是在上演“返场曲”了。可我呢，却请人写下了黄宗羲诗中的一联——“书到老来方可著，交从乱后不多人”，并把它郑重放到自己的书桌旁，算是一心一意地闭门谢客了。我甚至觉得，也只有到了这样的阶段，自己的写作才摆脱了被迫的感觉，才更像花儿在自由自在地开放；也只有到了这个时候，自己的“智识之网”才略显阔大一些，写作起来也才稍觉游刃有余。

这么说来，竟又有点像是一只执拗的、死死咬定的“刺猬”，或者一只“刺猬型的狐狸”？其实，我对这种形容也搞不大清。不过至少有一点：自己虽是不断在开拓知识疆土，却又确实不断在重返思想的主轴，而那轴心就是中西接壤的文化边界，因为在我看来，那正是我们这代学人最大的命门。——事实上，收集在下面的这一批文章，也正显示了这个回环往复的过程，或者这种既发散又聚敛、既开拓又守成、既跨越又回归的心路历程；与此同时，沿着自己心中不断积累的问题意识，学术的难题总是解了一道又出现一道，而像是朝露一般有限的生命，也正向那令人敬畏的无限学理，诚挚地展开了拥抱和归化的进程。

无论自己此生能够追求到多少，也无论这世间还有多少的不如意，正如我刚刚对一位清华弟子讲过的，自己此生终究还是有幸以思想为业，——而那正是在人类文明社会中曾经出现过的、最为高尚可爱的工作！

2016年1月17日于三亚湾·双台阁

理解索尔仁尼琴的难度

——关于《巨石之下》一书的评议

一

索尔仁尼琴的名字，已经成了必备的现代学识，而索氏的早期代表作，也已经成了发言表态的常谈。然而，这位俄苏作家漫长的一生，为什么总在出人意表地急转弯，而他毕其一生到底在追求什么，又终究追求到了什么，那就很难为人所知晓和理解了。实际上，由于相关卷帙的浩繁，由于所需语种的多样，由于对知识面、平衡感和理解力的要求，更不要说，还由于对思想勇气的考验，就连不少程度不同地读过索尔仁尼琴的文人——不管他们是记者、作家，还是教授——也都很难对他进行全面而平衡的了解。他们往往率尔提出自己想当然的解释，把索尔仁尼琴当作了打笔仗的由头，用来简单肤浅地影射身边的事物，这就更显得这位作家是“瞻之在前，忽焉在后”了。

回想起来，我还曾在写给本书作者的一封信中，更具体地设想过此项研究的难度：

> 这是极为困难也极为重大的题目：其一，考虑到索尔仁尼琴本人既长寿又坚持不懈的写作活动，也考虑到围绕他的种种重大争论，就必须完成大得惊人的，同时针对一手及二手材料的阅读量。其二，考虑到俄苏历史的种种重大转折，又考虑到索尔仁尼琴毕生都处在这种陡转的峰顶，就要求研究者在把握这位作家时，必须对于他所经历的复杂历史语境，具有全面、精准而平衡的掌握。其三，考虑到索尔仁尼琴跟西方的分分合合，考虑到他所背靠的东正教传统，相应的研究视野就不能再局限于中俄比较文学（尽管也应为此而撰写相应的章节），而必须升入更广阔的世界格局之中。

这当然也就意味着，选择了以索尔仁尼琴为研究对象，便是主动承担起了解释相关难题的重责。而这些难题归纳起来又不外乎，要以深入的细读、充分的论证和同情的体会，来探索这位如此多面的索尔仁尼琴，到底有还是没有其“行动逻辑的一贯性”？以这样的要求来衡量，作者在经过了极其艰苦的努力，甚至付出了病痛的代价之后，可以说是达到了相应的要求。也就是说，作者终于找出了某种能够“一以贯之”的逻辑，即“始终坚持以‘对抗性写作’来提示当前的主要危险”，来解释索尔仁尼琴充满变数的一生，从而使他漫长的写作生涯融合为一。由此一来，这位俄苏作家生命中的每一次陡转，就都在我们眼中变得既具有连贯性，又具有临界性了，因而属于在特定历史语境下，特别是重大历史关口中的即时探求和逻辑转折。——至少在我的阅读范围内，这样一种圆融的解释，不光在中文学术界，甚至在世界学术界，都属于富有启发的首创。

读者们也许会生出联想，觉得这样一种圆融的解释，或者也跟某种中国式的智慧不无关系，比如孔子就既说过“吾道一以贯之”，又说过“毋意，毋必，毋固，毋我”。不过，我还要再就此补充一点：在主观意识乃至客观事态中达到平衡，这当然是全体人类都必须追求的，否则我们就只能坐视内在和外在世界的倾塌；然而，尽管同样是在规避风险，同样是在进行危机处理，各个文明或民族却发展出了不同的方式。正因为这样，如果和孔子“执两用中”的中庸之道相比，俄罗斯那种昂扬激愤的知识分子传统，却让索尔仁尼琴更倾向于去以某种毫不妥协的战斗姿态，来对当前的危险发出厉声的提示。他是要把整个的身体都压上去，好以自己的重量来扳平社会的跷跷板，他是要跟那个犯了错的历史结构去拼命，好让历史因为自己的抉择而不再那么失衡。——在这个意义上，也可以说索尔仁尼琴本人并不平衡，相反，他非要偏向历史的另一端，才能把自己的性命都当成了砝码，以寻找良心和历史间的再平衡；同样，索尔仁尼琴本人也并非没有表现出偏激的态度，而问题只在于，究竟如何去理解和谅解他的偏激。正因为这样，我又在写给作者的信中提醒，一定要把索氏所面临的“困境意识”写出来——

> 终其一生你的主人公都是在追求，而且正是这种追求的急切，到了不同的历史关口，才自然而然地表现为不同形态的偏激，而绝对不要把他写成一位不偏不倚的亚里士多德。

受上述写作要求的制约，这本书自然要被写成某种“传记性评论”。记得自己以前曾经感慨道：

> 索尔仁尼琴的生命之长，还表现在他对写作的坚持上。令人感动的是，这位伟大作家偏在得过了诺贝尔奖之后，还能推出这么多不朽之作，甚至可以说，他一生中最重要的扛鼎之作，既包括早已读到的《古拉格群岛》，也包括刚刚开始迻译的《红轮》，都要么是在他得奖后印行的，要么是在他得奖后创作的，以至于简直就教人感叹：要么那个奖发得太早了，要么那个奖该多发几遍！[1]

1 刘东：“苦痛生珠”，《思想的浮冰》，上海：上海人民出版社，2014 年，第 247—248 页。

由此也就完全可以理解，被研究者本身的这种特征，便使得对于他的学术研究，最好是沿其生平追求而展开，并且由于他本人总会出人意外，而自然显得峰回路转、一波三折。不过，还需要跟着补充说明的是，这样的“传记性评论”虽是沿着生平轨迹来写，却又不必写成事无巨细的传记。——毋宁说，正因为充分意识到了“理解索尔仁尼琴的难度”，而又立志要去尝试挑战这种“难度”，作者就只能在披荆斩棘般的驳议中，来构想并展开本书中的主要篇章。

二

这头胆力实在过人，生生硬顶过那棵大橡树的牛犊，终在自己须发皆白的人生阶段，来得及看到庞然大物的轰然倒下，这绝对可以算20世纪最大的奇迹了，人们为此自应羡慕索尔仁尼琴的“成功”。然则，他当年究竟何以这么胆大包天，敢于以区区一己的血肉之躯，来“单挑”那个可怕的超级大国？——对于这一点，毕竟还是需要给予充分的解释。

正因为意识到了这一点，作者几乎是开宗明义地就交代出了这件事的发生背景，从而把索尔仁尼琴的英勇出现，解释为一种地地道道的俄国现象：

> 作为一个孤悬于专制政府与广大未受教育者之间的小小人群，俄罗斯知识阶层更加看重的，是精神、道德而非智识层面的追求……偏偏在现实中，因为处境孤立，他们往往又很难通过有效的社会、政治手段将自己的改革愿望上达统治者，下抵民众。这一紧张状态，加上根深蒂固的宗教意识，最终激发了俄罗斯知识分子的某种英雄主义传统：他们总是自视为神圣的受难者，正在为崇高理想而受难和牺牲自我。无论最终成为了踽踽不安、自怨自艾的“多余人”，还是受到良心拷问、跪倒在道德法则面前的“忏悔的贵族”，甚或是激情蓬发、欣然赴死的革命者，俄罗斯知识分子表现出来的“敏感与多情”世所罕见。这样一个知识阶层，已然成为俄罗斯文化的一个重要符号。

文化的传统本身，由此也就显出了巨大的包容性，既足以涵盖那些冒死来滚动“红轮”的人，也足以涵盖那些冒死来喝止这场躁动的人。更加耐人寻味的是，正如我前不久就此指出的，传统的伟力还更加深刻地表现在，就连那些残酷打压过索氏的敌手——在其他作家看来是如此可怕的上层人士——也同样在某种程度上属于这样的传统，尽管他们对于传统的任何看重，到这时都只能反过来表达了。正因为这样——

在一方面，读一读苏联后期的、充满了各种粗暴“决议”的文学史，或者读一读利季娅日记中对于弗丽达、茨维塔耶娃、帕斯捷尔纳克、布罗斯基、索尔仁尼琴等人遭遇的记述，就可以发现这从某种意义上，只能是那伟大传统如何遭到蹂躏的历史；可在另一方面，当然也是在另一种意义上，索尔仁尼琴和苏联当局却还在玩着同一个游戏，包括他们之间那种捉迷藏式的游戏，毕竟，如果是在更加野蛮的斯大林时代，这个麻烦会被更加利落地从肉体上消灭掉。[1]

于是顺理成章地，群星闪耀的、享有着世界地位的俄罗斯文学，自然也要附丽于这种文，化传统，并由此才源源不断地传承下来，哪怕是受到了亘古未有的重压，或者更准确地说，正是因为受到了亘古未有的重压。也只有从这样的文化脉络中，人们才有理由去预期索尔仁尼琴的出现，而不把他的反抗看作偶然的或零星的现象。对此，我们可以引证一下利季娅的下述观察：

1 刘东：“伟大之后的伟大：从《索尔仁尼琴传》看俄国文学传统”，《自由与传统》，北京：北京大学出版社，2015 年，第 364 页。

苏维埃时期的俄罗斯文学，在索尔仁尼琴之前就有几位伟大的诗人：阿赫玛托娃和帕斯捷尔纳克；几位杰出的诗人：曼德尔施塔姆、茨维塔耶娃；几位杰出的小说家：日特科夫、布尔加科夫、特尼亚诺夫。索尔仁尼琴出现之后，他们开始闪射出新的光芒。他赋予他们新的品质：力量。就好比给那些豪华的车厢配上了一个功率强大的火车头。他们从一个个孤零零的天才和文豪变成了俄罗斯文学。成为一个整体。他设法把大家联合起来了。[1]

记得利季娅还在她的书里说过，当年那两位站在队伍最前头的反抗者，即文学家索尔仁尼琴和物理学家萨哈罗夫，竟又在性格上构成了鲜明的反比：一个是既如此倾心于俄国的传统，却又像德国人那样惜时如金地工作；另一个则是既如此认同于西方的传统，却又在做派上保持了俄国人的如火热情。这种观察相当细腻而有趣，也给我留下了深刻的印象。不过，如果从另一方面来讲，又可以说正是独特的俄罗斯文化传统，才会促使索尔仁尼琴那么坚定不移地写作，也才会让他为此而那么惜时如金，——盖

1 ［俄罗斯］利季娅·丘可夫斯卡娅：《捍卫记忆：利季娅作品选》，蓝英年、徐振亚译，桂林：广西师范大学出版社，2011 年，第 367 页。

因为他不仅意识到了，那是他唯独能够具有的反抗工具，而且还意识到了，那终会被证明是强大而有效的反抗工具。

说到这里，又想起了触动过自己的一件小事，它来自美丽的阿赫玛托娃的回忆：

> 在叶若夫恐怖时期的可怕年代，我有十七个月经常在列宁格勒的监狱外面排队等候探监。一天，人群中有人认出了我。站在我身后的是一位嘴唇冻得发紫的女士，此前可能从未听说过我的名字。她立刻从我们大家常有的那种麻木状态中惊醒过来，低声（那里的每个人说话都是低声细语）问我：
>
> "你能描述这里的情形吗？"
>
> "我能。"我回答道。
>
> 于是，一丝像是笑意的表情在那张曾经属于她的脸上闪过。[1]

我曾经著文提示过此中的含义：只有置身于俄罗斯特定的文化传统，才能够理解，甚至才能够看出那"一丝像是笑意的表

1 ［俄罗斯］安娜·阿赫玛托娃，"安魂曲，1935—1940·代序"，转引自［美］安妮·阿普尔鲍姆：《古拉格：一部历史》，北京：新星出版社，2013 年。楷体字为引者为表强调所改，本书余同。

情”，也才能由此表现出对于文学力量的信任。而与此同时，我也曾紧接着就坚定地补充说，其实在中华民族的古老文化中，也从不缺乏这种“坚守记忆”的传统；只不过，与那边较为深厚的文学传统不同，华夏一族的“文化托命”之人，更要属于它那伟大而深厚的史学传统。毕竟，在具体的社会结构、历史渊源和精英构成中，任何文体都只能属于特定的文明，而不能把它当作用来通约的公分母。正因为这样，尽管人们总想在中国的当代文学中，特别是它那大大西化的先锋派诗歌中，去寻找俄罗斯文学的对应物，但这说穿了只是出于文化的误解。[1]

可只要是一转念，来到这所曾经只存在过四年的清华国学院，就会发现这里绝对不乏类似的人物，既包括为了信念不惜放弃生命的王国维，也包括为了自由勇于反抗钳制的陈寅恪；而且，他们那种到死方休的写作活动，也总是像索尔仁尼琴那样充满了紧张度，也总是像索尔仁尼琴那样惜时如金，从而也可以写得像他的全集那般厚重。——想到了这一点，在与俄罗斯文化传统的对比中，我们就不仅不会去鄙夷自家的传统，倒知道如何去尊重那弥足珍贵的传统了。

1 参阅刘东：“黑天的故事——‘文革’时代的地下手抄本”，《道术与天下》，北京：北京大学出版社，2011 年，第 52—82 页。

三

索尔仁尼琴的费解之处更表现在，他到底为什么会在被“解救”到西方之后，居然又对西方世界反戈一击，狠狠地敲打了那里看不惯的事情，而让他那些曾经的“施主”为之大失所望。——看起来，肯定是意识到了这方面的理解难度，作者写到这里时也格外费了些笔墨。

按说，一切还是可以从索氏的独特性格说起，因为一旦他被迫飞往了斯德哥尔摩，那么此后就只有两条路可走——要么，就是继续将火力全部对准苏联，由此他当然会继续受到西方的喝彩，然而这却也否定了自己的“知识分子”身份，因为他已经开始听命于某种权力，而且对于身边的悖理还只能听之任之；要么，就是同样去挑战看不惯的身边事，哪怕这会让西方的“施主”难以思议，但这毕竟还是保持了“一以贯之”的批评姿态，而且到头来，也不会像常见的“奉命反对”自己祖国的反对派那样，既让人不由得对之生厌，又显得眼界狭小和器格可怜。

不过，本书作者在此却更利用第一手的材料，通过索尔仁尼琴对于“二月革命”——而不是通常的“十月革命”——的反思，指出了藏在他心底的更深邃的理由，从而也就向读者提供出了更有说服力的答案——

> 从胡佛研究所回来后，作家本人也逐渐意识到，来西方的两年，“二月革命”的“必然性”和“积极意义”问题其实早已从各种缝隙中显示出来。尤其是自己近日来对西方的“直觉式的坦率批评”，构成了“那个在‘二月革命’材料中发现的新知的一股细流”。也就是说，索尔仁尼琴之所以能在史料堆中如此迅速而敏锐地发现问题并表现出异常的兴奋，很大程度上根源于他已有的问题意识：流亡生活不仅在客观上让作家摆脱了此前那种“对打”式的二元思维，更为重要的是，它让索尔仁尼琴注意到了西方同样危机重重，并且与苏联在“现代”精神气质上颇为一致。由此，他才会力排众议地将（自由主义的）“二月革命”与（马克思主义的）“十月革命”勾连起来，并进而认为是从“二月”、而非“十月”开始，俄罗斯命运的走向已经被确定。[1]

这就从一层更深的意义上，反映出了索氏反抗的那种临界性，也就是说，他不仅要从身边最紧迫的危险入手，来即时地调整自己反对的姿态，还会再借由这种反抗的行为姿态，来向更深

1 龙瑜宬:《巨石之下：索尔仁尼琴的反抗性写作》，杭州：浙江大学出版社，2015 年，第 109 页。

邃的未知领域发出探索，并且时刻准备好再对准新发现的危险，发起自己重新组织起来的反抗。在这个意义上，索氏被迫开始的西方生活阶段，就不再意味着无可选择的“流亡”，反倒意味着正好可以换个新的视角，以便在心智上更能够“兼听则明”。这一点，也正如本书作者所指出的：

> 有理由认为，如果不是亲自来到了一个异质文明，并且与之发生了激烈碰撞，这个问题可能根本不会成为索尔仁尼琴思考的一个重点。意识到一个民族永远不可能“代替”另外一个民族思考，索尔仁尼琴对那种以西方为中心的世界主义想象予以了严厉抨击。而这也进一步支持了他回到俄罗斯自身历史与传统中去寻找未来出路的信念。[1]

无论如何，不管他是感觉到了还是意识到了，也不管他是朦胧意识到了还是明确说出口了，索尔仁尼琴对于“二月革命”的从头反思，都意味着他已经得以从更深的视角，来开展对于“进步”概念的透辟怀疑，和开展对于“现代性”的总体反思。在小说《红轮》中，作家借女教授奥丽娅·安多泽尔斯卡娅之口，把他这更深一层的思虑给明确说了出来：

1　龙瑜宬:《巨石之下：索尔仁尼琴的反抗性写作》，第103页。

> 在西方，进步背后有着自己尽全力发挥作用的强大动力。很明显，我们没有那么大的动力。不过，难道我们就不追求进步吗？我们嘴上谈“进步”，而心内涌动的却是“革命”。欧洲之所以对我们有诱惑力，就是因为从那里传进来了革命。不过，随着进步，还没人能够解释清楚：为什么一定要认为聚居在一个地方的亿万人要比散居在另一个地方的人聪明？为什么认为前者的经验比后者的经验好？要知道谁行走在前，谁就得冒走错岔路口、走错地方的危险。[1]

不无吊诡的是，尽管这个现代世界总在奢谈“进步”，然则照索尔仁尼琴的亲身观察，这里的人们至少在其人格方面，反而是大大地有所倒退了。正因此我们才会看到，他对于现代消费主义者的种种批判，比如在哈佛发表的那篇“分裂的世界”，正好比尼采在《查拉图斯特拉如是说》中对于“末人”的指斥。

这自然会引起他那些西方听众的反感。不过，那些急于反唇相讥的人们，也许并没能及时地意识到，索尔仁尼琴当场卖出这

---

1 ［俄罗斯］索尔仁尼琴:《1916 年 10 月》(《红轮》第二卷)，第 400 页；转引自龙瑜宬:《巨石之下：索尔仁尼琴的反抗性写作》，第 118 页。

个“破绽”，反让那些反批评者陷入了某种尴尬，不觉间暴露了深藏的歧视与傲慢。这是因为，他所吐露出的这些文化感觉，从方向上简直是像极了施特劳斯。也就是说，他们都是在历史主义和相对主义的现代困境下，转而乞援于曾经所属的文化传统，既包括那传统中较为笃定的价值标准，也包括那道德信条背后的宗教资源；而且说到底，他们两人还都是在乞援于希伯来传统，只不过一个是以自己犹太人的身份，来乞援于启蒙运动以前的中世纪传统，另一个则是以自己俄国人的身份，来乞援于西方冲击之前的东正教传统。所以，如果早已身在美国的施特劳斯这么讲，就会被人们膜拜为政治理论的大师，而一旦新来乍到的索尔仁尼琴也这么讲，就被人们视作俄罗斯人的老旧偏见，是那个落后民族的无可改悔的积习，那么，这种“双重标准”就显然是有失公平的。

更重要的是，如果撇开这类嘴角边的泡沫，我们还应更进一步地看到，无论是施特劳斯式的保守主义，还是索尔仁尼琴式的保守主义，都终究有助于提醒我们，如果换一个以往未曾留意或重视的视角，就能够更加清晰而全面地看到，这个现代世界并不是一路凯歌行进的，相反倒经常是进退失据、首鼠两端的，尤其是当它遇到历史主义和伦理主义的两难困境时。——比如，正像我们在前边已经点明的，无论是那些冒死来滚动“红轮”的人，还是那些冒死来喝止“红轮”的人，说到底都是出自同一个传统。也正因为这样，我们也就难免要在历史进程中，一而再、再而三地发现它的“一波三折”，就像在被一曲漫长的“卡农”反复折磨着。在这个意义上，前面所举的例子也就可以表述为：正因为传统的教育最侧重道德，才导致人们出于道德上的“洁癖”，想要以全面的“革命”来挑战传统，包括不惜以“铁血”的手段来打造新的道德，由此反而造成了道德体系的总体崩溃，所以又适得其反地造成了对于传统的重估，至少是要去呼吁对于文化传统的现代“发明”。

当然，上面的描述又可以更简捷地概括为：一方面，索尔仁尼琴是想要利用宗教来反制那碾轧过来的“红轮”，但另一方面，其实那“红轮”原本就是产生于西方宗教的世俗化运动。由此可见，尽管人们每爱侈谈文明进程中的“路径依赖”，可他们却不知那路径本身，却又总是弯弯曲曲和颠三倒四的，不仅未必能够笔直地向前发展，甚至都未必能够向外延伸出去。——也正因此，我才曾多次提示过本书的作者，千万不要因为太过投入和太过同情，就不自觉地非要以索氏的是非为是非。事实上，只要能证明他终其一生都在反抗，而且他这种反抗的姿态难能可贵，就算得是对索尔仁尼琴的充分肯定了。而完全不必强作解人地辩护说，他的每一次反抗的每一个细节，都是明察秋毫的和无可争议的；那样的话，他就不再是人而只是神了，并且一旦他竟是厕身于神明，就做什么都很容易，都不可贵了。当然话说回来，如果跟他的同时代人相比，索尔仁尼琴对于当今世界的种种危险，毕竟有过更加广角而多面的观察，也毕竟有过更加凄厉和更加警世的惊呼。

此外，既然在这里已经说到了施特劳斯，也说到了对于“现代性”的反思，那就必须顺便厘清“什么是现代性”的问题。我刚刚借着评议汉学家德里克的新作，提出了自己就此的三点基本把握：

> 第一，所谓“现代性”，就是自工业革命以来所产生的社会变革，以及由这种变革所导致的心理效应；第二，这种“现代性”的本质特征，就是韦伯所讲的“工具合理性”的急剧膨胀，以及“价值合理性”的相应萎缩；第三，这种“现代性”由此就跟所有主要的世界性宗教，包括西方世界的基督教本身，构成了不可调和的激烈冲突。[1]

不过，在这样的“描述性定义”中，我却未暇顾及施特劳斯的相关论点，因为自己当时需要集中关注的，乃是立场跟他极端

1 刘东：“国学院里的德里克”，［美］阿里夫·德里克主讲：《后革命时代的中国》，李冠南、董一格译，上海：上海人民出版社，2015 年，第 331—332 页。

相反的一位左翼作者。

然而现在看来，至少在对于“现代性”的认知上，这两位作者却也不无暗通款曲之处，比如，就像德里克只把“现代性”说成是“现时性”一样，施特劳斯也把“现代性”描述为包含着美国的“第一波”，和包含着苏联的“第二波”，并由此才推演出了他那三种相互矛盾的判断：其一，“现代性”是坏的；其二，美国属于“现代性”；其三，美国又是好的。[1] 可是，如果像德里克那样的提法，由于已把所有处在现时代的东西，都不加区分地笼统说成“现代性”，会使得这个概念变得至大无外，以致除了徒增混乱已不再有别的意义，那么，实则施特劳斯也很容易造成混淆，以致感到茫然而无可适从。正因为这样，既是为了俄国也是为了中国，这个“现代性”概念在我们心中，还是要具备它最为基本的特征，然后我们才能基于这种特征，而把在两国历史中所出现的，既要急起直追，惜又画虎不成的事物，顺势描画成“准现代”“亚现代”或“半现代”的，因为毕竟后者才显得更不稳定，才闪出了更宽广的变革空间，而且老实不客气地说，才更不符合最基本的人性人情。

---

1 参阅［美］凯瑟琳·扎科特、迈克尔·扎科特:《施特劳斯的真相：政治哲学与美国民主》，宋菲菲译，北京：商务印书馆，2013 年。

四

接下来，更不能跟着哪位作家人云亦云，而必须由本书作者去独立给出判断的，则在于能否继续沿着“一以贯之”的理路，来以充足的说服力解释索氏的晚年，至少是体谅到他为什么又在归国之后，有条件地支持那位本来很有争议的普京？

这又是索尔仁尼琴生命旅途中一次惊人的陡转，而且，由于他以前在那两个超级大国中的表现，已经随着历史烟尘的逐渐散去，而分别在两边的人心中得到了悄悄的澄清，所以相对而言，他的这次晚年转折就显得更加刺眼和炫目，也注定会由于“当局者迷”的缘故，而更难得到人们平心静气的理解。很显然，本书作者从一开始就意识到了，自己的论述能力到这里将会大大受到考验，所以，她才在前边的行文中花了很多笔墨，来回顾他到美国以后对于斯托雷平的“新发现”，或者更精确地说，是回顾他在《红轮》中为斯托雷平所做的“翻案文章”：

> 从《古拉格群岛》中对斯托雷平的描写可以看出，至少在苏联时，索尔仁尼琴本人对这位“臭名昭著”的反动大臣也谈不上有什么特别的好感。在革命史原来的设计中，他仅仅打算让斯托雷平在古奇科夫主宰的声部中作为一个补充性的人物出现。而就是在研究所翻读史

料、重新发现“二月革命”的同时，索尔仁尼琴不可抑制地感到“斯托雷平站在我的眼前，灼烧着我的头脑”。[1]

也正因为这样，正如作者向我们转述的那样，斯托雷平最终就成了整部《红轮》中“最为耀眼的一个人物”。所以，一旦说到这位过去总被抹黑的人物，索尔仁尼琴就一反他那灰暗的调子，对之投以了几乎没有保留的热情：

> 迄今为止，不知为什么，一提到改革，就意味着削弱乃至毁灭政权，而实施残酷的措施维护秩序又意味着拒绝改革。不过，斯托雷平已经看得一清二楚，二者兼有的希望！依他的性格，一旦看清目标，他就已经有本事去勇敢地实现。他的习惯是，一方面不进行公开的政治纠葛争吵，另一方面也不去自我炫耀，而是实干，达到目的。他看清了路，就把握不放。[2]

无可否认，索尔仁尼琴为了支持自己的“翻案”，已经在《红轮》中提供了足够充足的证据，来说明在斯托雷平统治下的

---

1 龙瑜宬:《巨石之下：索尔仁尼琴的反抗性写作》，第129—130页。

2 索尔仁尼琴:《1914年8月》(《红轮》第三卷)，第666页，转引自龙瑜宬:《巨石之下：索尔仁尼琴的反抗性写作》，第131页。

历史阶段，其实正是俄罗斯现代历史中最有前途的时期。然则，对于大多数并非专攻俄国史的读者来说，一旦遭遇到围绕这类“翻案文章”的争论，就会由于无力去亲自检验各方的证据，而难免在心智上感到怅惘甚至绝望。不过，这里还可以提供一个建议，或许可以把读者从“一团乱麻”的争辩中解救出来，那就是姑且悬置历史学家对于“真相”的争论，而只把索尔仁尼琴笔下的斯托雷平，看作他为自己建构出来的一种“理想类型”。从这个角度来看，无论他所提供的论述是否于史有征，或者无论他所提出的历史假设是否证据充足，总归都反映了他为俄罗斯所苦苦寻求的出路。这条作为理想而虚拟出来的出路，在小心翼翼地追求着保守与改革之间的平衡，并在一种不可言说的微妙张力中，试图同时顾及共同体的生存与发展，而这种“必要的张力”照索氏看来，正是当年摆在俄罗斯面前的唯一可行之路。由此我们可以这么说，即使立场不同的历史学家永远不能找到共识，也不可磨灭索尔仁尼琴于此找到的“真实”，因为那种“真实”毋宁是他“心中的真实”，是他为自己祖国所找到的“理想路径”。

顺理成章的是，一旦我们沿着前文预留的这条线索，再来思考索氏晚年提出的“如何安顿俄罗斯”的问题，就几乎可以代他道出逻辑的答案了。正如本书作者就此而写到的：

> 和自己笔下的斯托雷平一样，他希望能找到一条

“平衡之路”：一方面，俄罗斯是不可能通过照搬传统完成重建，安立于现代世界的。应当允许和鼓励它主动吸纳一些主流价值，以更好地融入国际秩序。另一方面，又应始终强调对某些本土特殊经验、传统的坚守，以此保证共同体必需的向心力，同时也能对那些抽象规则加以补充与制衡，降低改革的风险与成本。与之相对的，索尔仁尼琴心目中最糟糕的一种选择，无疑是重复《红轮》中的“二月革命之路”，既彻底摈弃俄罗斯传统、自我限制了改革道路的多样性，又不能真正理解塑造了那些主流价值的西方文化精义，而只是盲目模仿那些最具感官冲击力和煽动效果的所谓成功秘诀。[1]

也许，更偏向“理论”而非“心智”的书生，或者更主张索性“全盘西化”的读者，会觉得这种小心翼翼和左右为难，实在是太不“彻底”和太不“快意”了。然而，这样的国际“夹缝”虽不够惬意，但毕竟正是俄罗斯所处的实际生存环境，并且由此在索尔仁尼琴看来，才正是祖国唯一能够谋求生存的道路。换句话说，一生中以“毫不妥协”为特色的索氏，到了其生命行将终结的晚年，却已发现唯一可以穿过险境的道路，偏偏又是在“夹

1　龙瑜宬:《巨石之下：索尔仁尼琴的反抗性写作》，第 156 页。

缝”中间求得生存。——那狭小而憋屈的“夹缝”，存在于西方和东方的文化板块之间，存在于俄罗斯和北约的地缘政治之间，也存在于道德标准与消费欲望的落差之间。正因为这样，我们就不妨这么说，对于“前马克思主义者”索尔仁尼琴来说，他对于历史人物斯托雷平的选择，以及对于历史上的东正教传统的选择，都无非属于“别无选择”的选择。——在他的国家中除了这样的传统，已经再没有别的什么传统了，而传统又正是他唯一可倚靠的力量，以便去抵挡“红轮”和平衡“现代性”。

说到这里，我们就可以再凭着“一以贯之”的思路，来解释索氏对普京的有限肯定了。当今俄罗斯的现实政治，自然是好坏参半、鱼龙混杂、不如理想的。不过，如果我们读过祖博克的《失败的帝国》，又可以知道俄国也曾热情拥抱过西方，而它之所以荡了回去，又都是缘于西方的自私、短视与逼迫，或者说，缘于西方自身需要预设“假想敌”的政治结构。这又是一种文化和地缘的“夹缝”，而这样的一种尴尬和为难的态势，又正巧符合索尔仁尼琴本人由来已久的判断，那判断来自他对于西方的长期亲眼目睹。正因为这样，为了他所钟爱的祖国，他还是只能在夹缝中谋求生存，还是只能“两害相权取其轻”，正如我在以前的文章中指出的：“在索尔仁尼琴那里，虽说沙皇时代的俄国，和普京时代的俄国，也未见得就怎样好，然而相形之下，却只有斯大林时代的苏联，和叶利钦时代的俄国，才是千真万确地糟透了！

由此，他就必须在心念中，回到那个未被红轮碾过的过去，哪怕它说穿了也难免是‘发明的传统’，甚至正因为那在后世也只能表现为‘发明的传统’，以期为祖国和人类的未来，保护选择的多样性、进路的歧异性，和发展的开放性。”[1] ——如此而已，岂有他哉！

五

于是九九归一，我便试着提出索尔仁尼琴的选择，归根到底又可以被归结为“逃回传统”。看来，本书作者对此是表示有条件的接受的，所以她又为“逃回”二字打上了引号，以便区别于她本人的下述观察：

> 如果说陀思妥耶夫斯基还只是从激进的革命者、庸俗化的唯物论上闻到了危险的气息，那么索尔仁尼琴已经实实在在地看到了灾难性的结局。加上对 20 世纪西方社会的近距离观察，他比自己的前辈更有理由质疑西方模式的普适与完美。他的选择，已然是历史“试错”后的决定。同样，作为某种“受辱的民族自尊”的强烈

1 刘东：“苦痛生珠”，《思想的浮冰》，第 248—249 页。

反弹，陀思妥耶夫斯基等人还可以选择以激烈的态度大力鼓吹“俄罗斯精神的优越性”，强调东正教比西欧宗教更纯洁、神圣，并对外表现出泛斯拉夫主义以至沙文主义的鲜明倾向；而身处“倾塌的俄罗斯”，索尔仁尼琴从客观上也已经很难再表现出这样的优越感和“外扩”信心。[1]

这都属于非常细致的内部观察，同时也都有助于为索氏去具体辩诬。

由此还可再做一些引申。从思想的方式和起点来判断，如果当年的“全盘西化”——以及我们曾经有样学样的“全盘苏化”——都是从某种作为乌托邦的“理想国”开始起步，再从正面推到它的负面或反面，并由此才基于两种不共戴天的立场，同时向索尔仁尼琴发起了尖锐的批判，那么，“逃回传统”在他这里则意味着，人们是要从当下的恶劣现状出发，再从这种负面或反面推向它的正面，并为此才不得不去遥想和“发明”传统。实际上，正因为同样有了这类的体验，我才为“人文与社会译丛”选中了斯维特兰娜·博伊姆的《怀旧的未来》，并且在以往的文章中引用了书中的妙语——“现代俄语里有一句俗话说，过去变得

1　龙瑜宬:《巨石之下：索尔仁尼琴的反抗性写作》，第 198—199 页。

比未来更难以预测。”[1]

也正因为这样，还是基于那种“两害相权取其轻”的逻辑，我大概要比本书作者更看重过去的传统，所以甚至都不觉得还有多大必要，再去小心翼翼地为索尔仁尼琴进行辩诬。事实上，当陈寅恪在本院里吟哦“当日英贤谁北斗？南皮太保方迂叟。忠顺勤劳矢素衷，中西体用资循诱”[2]的时候，当他自述“平生为不古不今之学，思想囿于咸丰同治之世，议论近乎湘乡、南皮之间”[3]的时候，他也同样体验到了在两大文化板块间的狭小“夹缝”，而当他又从历史的负面去推想它的正面时，他也同样是目睹了那个残暴历史车轮——尽管他没用“红轮”来形容它——的无情碾轧：

> 余少喜临川新法之新，而老同涑水迂叟之迂。盖验以人心之厚薄，民生之荣悴，则知五十年来，如车轮之逆转，似有合于所谓退化论之说者。[4]

既然历史的车轮是如此之不仁，既然它名为“进步”而实乃

---

1 ［美］斯维特兰娜·博伊姆:《怀旧的未来》，杨德友译，南京：译林出版社，2010年，导言，第2页。

2 陈寅恪:《王观堂先生挽词序》。

3 陈寅恪：冯友兰《中国哲学史》上册审查报告。

4 陈寅恪:“读吴其昌撰梁启超传书后”,《寒柳堂集》，上海：上海古籍出版社，1980年，第150页。

“退化”，又有什么理由不让人去怀想那个相对还不太坏的过去，以便从中找到衡量整个社会的实际存在过的标准呢？实在说来，若没有这个在思想上尚可倚赖的传统，那我当下在这个清华园里会更感到不自在，因为至少当年在隔壁的院子里，还可以享有放言无忌，哪怕是说了也白说的自由。——在这个意义上，真正激发我频频要为此发笔的，就并不是自己心中的既定结论，碰巧总是在跟索尔仁尼琴若合符节，而是我自己体验过的生活困局，在很多方面都跟这位作家有着同感。

最后还要说明，自己写作这篇评论文章的时候，正巧受邀来到法国的首都访问，而且，当我写到这个结尾部分的时候，又碰巧恰值法兰西共和国的“国庆日”。整个巴黎天空都充满了轰隆隆的飞机表演声，甚至直到深夜还从埃菲尔铁塔那边传来燃放烟火的礼炮声，在不停地既打断、又勾起自己的沉思。看起来，尽管据说不久前有很多炸药被人偷走，使得警戒的级别不得不调到了最高，但这并没有破坏人们过节的兴致，而头顶上那只令人生畏的恐怖的“靴子”，也并没有像大家担心的那样掉下来。——此情此景，又使我不由想起了一句老话：“革命是被压迫者和被剥削者的盛大节日。”那是“革命导师”最充满鼓动力量的名言，而其间的激情我也曾在本国亲身体验过。不管怎么说，激情澎湃地去攻占巴士底狱，还在行军途中去即兴创作豪迈的《马赛曲》，那都属于人生中相当过瘾的事情，这种情绪也注定是很容易传染的，由此才依次有了法国革命、俄国革命、中国革命，甚至越南革命、柬埔寨革命、菲律宾革命……只不过人们正在兴头上，恐怕也很难同时就败兴地想到，等把这个“盛大节日”过完以后，日子又该怎么往下过？

好了，这种后悔药也吃了不少了，还是回到我们的当务之急，来完成这篇文章所要评论的吧。——我曾向本书的作者这样询问过，尽管你已经列举了造成俄罗斯苦难的历程，从而造成索尔仁尼琴成就的种种肇因，然而，要是压根儿就没有先期发生在法国的那个“大革命”，你所列举的这些条件还能算是充分的吗？它们就足以烧毁被索氏如此珍爱的俄罗斯传统吗？

2015 年 7 月 15 日于巴黎法国人文中心

科拉科夫斯基的扛鼎之作

——写在《马克思主义的主要流派》之前

一

这个寒假又要接近尾声了。不过，刚刚写完了久已应允的对于伯林《未完的对话》一书的评论，还要为三卷本的《马克思主义的主要流派》，再赶写一篇应承已久的，大概已经迟到了的序言。

这可实在谈不上什么“弄管之癖”了。大家都心知肚明，大陆学者一旦碰到这类话题，最聪明的应付之道就是三缄其口。然而，在这煌煌三大卷书的译者群中，即使还有几位先生仍然硕果尚存，毕竟也都年事已高无法动笔了，其中一位还正住在重病监护室里。所以，他们这么再三地嘱笔于我，而我又是再三敬谢都推辞不掉，便只好勉为其难地应承了下来。

而事有凑巧，在“起伯林而问之”中所讨论的伯林对话，伯林的对话者就是一位来自波兰的女学者，名叫贝阿塔·波兰诺夫斯卡－塞古尔斯卡，而这次又要研读的《马克思主义主要流派》，其作者莱泽克·科拉科夫斯基还是来自波兰。此外，同样凑巧的是，跟上回讨论的那位以赛亚·伯林一样，这位科拉科夫斯基也是以研究马克思而成名的，而且，他们还都是从苏联阵营来到了西方，有着在这两边的环境中生活过的切身经验。

当然，伯林的高等教育还是到西方后才完成的。由此说来，还是科拉科夫斯基所在的那个波兰，此刻不由使我生起了遐想和敬意，——要知道，正是在那个文化地带，出现过哥白尼、肖邦和居里夫人，以及我喜爱的钢琴家阿图尔·鲁宾斯坦！可事实上，除了在改革开放刚刚启动的那个节骨眼上——彼时大家都还无缘去深入接触西方——我们对于来自东欧的学术同行，还是了解和关注得太不够了；而且，在此后大浪淘沙般的西潮中，我们不光是主要的注意力被吸引走了，大面积掌握外语语种也不允许了。由此就导致了，也只有再从东欧来到西方的学者，才会赫然进入我们的阅读视野。然而，这样一来也就顾不上再去追问：这种通过英语来阅读的东欧作者，是否已然经过了西方眼光的筛选？

可无论如何，正如我在上篇文章中已经指出的，来自东欧的文化传统、思维方式与现实经验，都会带来与众不同的观察视角，也都会激发与众不同的问题意识，而这一点是不应受到忽视的。尤其是，在对于马克思主义的研究上，那些地区的学者们，既由于地理和语种的相近，以及正统意识形态的相通，也由于相对而言更能横跨东西，以及长于思辨和相对灵活，更是不容中文读者们小觑。——正如大陆的马克思主义学者就此写到的：

> 关于东欧新马克思主义理论家在马克思思想及马克思主义理论方面的功底和功力，我们可以提及两套尽管引起很大争议，但是产生了很大影响的研究马克思主义历史的著作，一是弗兰尼茨基的三卷本《马克思主义史》，二是科拉科夫斯基的三卷本《马克思主义的主要流派》。甚至当科拉科夫斯基在晚年宣布“放弃了马克思”后，我们依旧不难在他的理论中看到马克思思想的深刻影响。[1]

二

莱泽克·科拉科夫斯基（Leszek Kolakowski，1927—2009），出生于波兰中部的小城拉多姆。如所周知，正是从这个国家遭到入侵和瓜分起，第二次世界大战才正式爆发。随即，科拉科夫斯

---

1 衣俊卿：“东欧新马克思主义译丛总序”，［波兰］莱泽克·科拉科夫斯基：《走向马克思主义的人道主义：关于当代左派的文集》，姜海波译，哈尔滨：黑龙江大学出版社，2013 年，第 14—15 页。

基的父亲也遭到纳粹杀害，而他亦从 12 岁起便不得不辍学。但此后，他仍通过顽强的自学完成了中等教育，并在“二战”结束后顺利升入罗兹大学，从此便选择以哲学作为毕生志业。20 岁时，科拉科夫斯基即加入了统一工人党，并很快成为官方理论的后起之秀，从而有资格被派往苏联去深造。到了 26 岁那年，他便获得华沙大学的哲学博士学位，随即留校任教，同时还担任着沙夫等人的助手，而值得注意的是，此时他是以批判基督教哲学闻名的。再接下来，在仅仅 31 岁那年，已经身为教授的他又升任了哲学系主任，同时还兼任着《哲学研究》杂志的主编和《新文化》杂志的主编。

毫无疑问，这正是俗常所讲的那种“锦绣前程”；而同样没有疑问的是，苏东轰然解体之后，这种“锦绣前程”也会于瞬间失色，甚至成为“镜花水月”乃至“行尸走肉”的代称。不过，不管这样的前程是好是坏，反正科拉科夫斯基是不会安于它了，相反倒是选择了去主动偏离它，乃至从某种意义上，也选择了去共同冲破苏东的体制。实际上，早从 1956 年的苏共“二十大”起，尚未满 30 周岁的科拉科夫斯基，便已开始怀疑斯大林的教条主义了，并敢于撰文去批判“制度化的马克思主义”，同时又主张“人道主义的马克思主义”。我们都知道，无巧不巧也正是在那一年，在波兰爆发了史称“波兹南事件”的工人抗议，尽管随即遭到了来自苏联的严酷镇压，然而它本身却也属于苏共

“二十大”的余波，所以也可以说，那也正是波兰尝试摆脱苏联的一个起点。

再到了十年后的1966年，仍是为了纪念这个重要的事件，科拉科夫斯基又发表了一篇著名的讲演，指出了种种“不属于社会主义”的东西，把矛头直指对于言论自由的钳制，比如“社会主义不是：一个人们说出他的想法会陷入麻烦、不说出自己的想法会走运的社会；一个人们没有任何自己的想法会过得更好的社会；一个密探比护士多、坐牢的人比住院的人多的国家；一个哲学家和作家跟将军和部长说法一致的国家”等等。虽然说，他就此给出的72种“反定义”，马上就遭到了来自宣传机构的禁止，却仍在新一代波兰人中广泛流传着。不过也同样因此，尽管此时他还认同马克思主义，竟成了波兰最著名的“修正主义者”，同时也是波兰最著名的“持不同政见者”。随即，他在当年便被开除出了执政党，两年后又被解除了教授职务。

也正是在1968年，也即在他被解除教授职务的当年，科拉科夫斯基便被允许离开自己的祖国，开始了在西方学府中的流亡生涯，我们从这一点中，或可窥知当年波兰政府相对怀柔的政策。科拉科夫斯基此后任教过的大学，先后有加拿大的麦吉尔大学、美国的伯克利加州大学、英国的牛津大学、美国的耶鲁大学和芝加哥大学，但他主要还是在牛津众灵学院担任高级研究员，直至他于1995年从那里荣休。此外，尽管到西方以后生活相对平静，可是科拉科夫斯基不断发表的著作，仍然对自己的祖国产生了持续而深刻的影响。比如他曾经提出，自发组织起来的社会团体，有可能在苏东的极权体制中，去平缓地扩展市民社会的空间，这就对于团结工会运动有过相当的启示，而后者又在当代波兰史中占有显著的地位。

正因为这样，尽管科拉科夫斯基确曾在西方多次得奖——其中尤其值得一提的是，他还于2003年获得了美国国会图书馆的“约翰·克鲁格人文与社会科学终身成就奖”，而这个可说是文科领域的“诺贝尔奖”的重金奖项，居然在首次颁发时就授给了这位波兰学者——不过对他本人来说，恐怕更重要的还是来自祖国的荣誉。比如，他同时又是1992年重新设立的“白鹰勋章”的得主，这枚很像国徽的勋章是波兰的最高奖赏，要授给“为波兰国家和人民建立殊勋”的人。再如，波兰的著名公共知识分子、团结工会的顾问亚当·米奇尼克，也曾盛赞他是“当代波兰文化最卓越的创造者之一”。也正因为这样，当他于2009年7月17日在牛津逝世时，波兰议会随即便为科拉科夫斯基默哀一分钟，而华沙大学的校长卡塔辛娜·哈瓦辛斯卡·马楚科夫也在悲痛中又透着几分自豪地说：“这不仅是波兰的，而且是世界的巨大损失。”

这一点，在我看来应该是特别重要。也就是说，尽管当我们阅读他在各时期的著作时，总难免会产生不一而足的反应，尽管我们针对他进行跨文化阅读的时候，也确实应当基于本土的经验对他的思想来进行利用，但无论如何，对于一位在不同的国度形成其思想的学者，还是应当首先去尊重他本国人民的判定，并且在这个基础上再形成自己的判断。要知道，这位后来享誉国际的科拉科夫斯基，毕竟首先属于他那一方特定的水土，毕竟是既脱生于又服务于自己祖国的语境的，所以，相比起任何外在的、难免有所隔阂或偏向的视角，他本国人民的看法都会更加圆融而周到，都更能体察他本人的痛苦感受与内心追求，也都更能全面地权衡各个方位的因素。在这个意义上，任何想要对之越俎代庖的结论，无论是来自哪个阵营或哪个派别，也无论是在“冷战”前还是在“冷战”后，就算还未流于隔靴搔痒和简单粗暴，毕竟也只具有第二等的参考价值。

当然，这么说绝不意味着，我们在阅读外国学者的著作时，就不能得出需要同他切磋的看法了。比如，当我们读到科拉科夫斯基的后期时，肯定会关注到他又荡回到了形而上学的立场：

> 科拉科夫斯基在《形而上学的恐怖》一书中深入地探讨了关于绝对的问题。在此，科拉科夫斯基捍卫被传统践行的哲学，在他看来，哲学的科学化的普遍趋势不应该抹去它的合理内核，即形而上学。他注意到这样一种事实，即通过追问关于真理、存在与不存在、善与

恶、自我与宇宙、有限与无限这些问题，形而上学已经成为几千年来文化的一个无法消除的部分。科拉科夫斯基指出：只有当人们假设绝对存在的时候，寻求最终的基础以及探究真理才是正当的。[1]

更有甚者，如果再顺藤摸瓜地向上追溯，我们还能从他那里发现一条可以说是“反孔德”的思路，具体而言，如果以往那位实证主义鼻祖曾经认为，人类思维发展的一般公式乃是“宗教神学→形而上学→实证科学”，那么，现在科拉科夫斯基就正好把它反转了过来，由实证主义的缺陷而上溯到了形而上学，又从形而上学的内核而上溯到了宗教本身。正因为这样，他不仅在《理性的异化》一书中描述了，形而上学是怎样被驱出前门又溜进后门的，还更在另一本《日常生活札记》中以十足“反尼采”的口气写道：

如果上帝死了，除了一个吞噬我们和消灭我们冷漠的虚空外，没有什么东西会留下来。我们的生活和我们的劳作不会留下什么痕迹；只有质子和电子的无意义的

1 ［波兰］马雷克·西柯拉：“波兰马克思主义思想的演进：以莱泽克·科拉科夫斯基的哲学为例”，纪逗译，《学术交流》，2015 年第 7 期。

舞蹈。宇宙既不期望什么也不关注什么；它没有什么可为之奋斗的目标；它既没有奖赏也没有惩处。无论谁说，上帝不存在而一切安好，这都是自欺欺人。[1]

这使我们不由联想起了索尔仁尼琴的晚年，此公也同样是早年卷入了布尔什维克运动，晚年又像科拉科夫斯基一样返回了宗教。虽则说，在这种朝向原有精神传统的晚期回潮中，多少都有出于“两害相权取其轻”的无奈，正如——

在索尔仁尼琴那里，虽说沙皇时代的俄国，和普京时代的俄国，也未见得就怎样的好，然而相形之下，却只有斯大林时代的苏联，和叶利钦时代的俄国，才是千真万确地糟透了。[2]

可即使如此，对于像科拉科夫斯基这样的早年曾以批判基督教哲学而闻名的学者来说，这思想的弯子还是转得过于突兀，过于戏剧化了。尤其是，如果照我们这个“无宗教而有道德”的现世主义文明来看，或者说，如果照我们这些还掌握着其他文明选

1 莱泽克·科拉科夫斯基:《自由、名誉、欺骗和背叛：日常生活札记》，唐少杰译，哈尔滨：黑龙江大学出版社，2011 年，第 89 页。

2 刘东：“苦痛生珠”，《思想的浮冰》，第 248 页。

项的学者来看，似乎也没见到他对这种很考验逻辑的思想陡转，给出过真正令人信服的解释或论证，——比如到底是为了什么，一旦他意识到了从前立场的局限性，就再也看不到以往立场的合理一面了？或者反过来说，一旦他意识到了现在立场的合理性，就再也看不到当下立场的局限一面了？

由此就可以说，即使只是跟他本人对于马克思主义的剖析相比，这种彻底倒回宗教的保守立场也是构成了尖锐的矛盾；可再反过来想，当年却又正是由于科拉科夫斯基在这方面的深度剖析，才促使他逐渐脱离了这种在他看来仍然具有“宗教功能”的思想：

> 马克思主义所产生的影响，并不是由于其科学性而导致的结果，也不是其科学性的证明，而几乎完全在于其预言的、空想的和非理性的那些方面。马克思主义是一种具有盲目信念的学说，他相信普天同乐的天堂就在眼前等待着我们。马克思和他的追随者的一切预言几乎都已经被证明是错误的，但这不妨碍对信仰的精神上确信，因为这种确信完全是建立在心理学基础上的。在这个意义上，马克思主义起着一种宗教的功能，它的作用具有宗教的特征。所不同的是，它把其世俗末世学表述

为一种科学的体系，而宗教的神话没有这种意旨。[1]

当然即使如此，我们还要在某种程度上提出“同情的理解”。比如，尽管他的后期思想同前期立场相比，不光是矛头所指的批判对象，就连由之发出批判的立场基点，都已经发生了一百八十度的掉转，然而科拉科夫斯基却从未丧失他的锋芒，而这种思想上的锋芒，又总是对准他从当下所看到的紧迫问题。所以，如果他曾经以“社会主义不是什么”来批判昔日的波兰，那么他后来写出的下述语句，尽管也许同样会有些当今波兰的影子，却更针对着他后来从西方看到的现代性。——在这一点上，他也是像极了来到西方以后的索尔仁尼琴：

> 苦难总是存在的，但是看来只有在现今它成为这样一种反对上帝的明显强制性的论证。很难说，这是否因为苦难在今天比以往多。也许，我们只是感觉苦难更多：的确今天我们倾向于认为，所有的苦难都是不公正的。然而，这都是我们无信仰的结果，而不是我们无信仰的原因。[2]

1　黄继锋:《东欧新马克思主义》，北京：中央编译出版社，2002 年，第 82—83 页。

2　莱泽克 · 科拉科夫斯基:《自由、名誉、欺骗和背叛：日常生活札记》，第 92 页。

耐人寻味的是，尽管他在前期和后期写下的作品，也都各有它的文化功能和热心读者，不过要是在我看来——也许同样是在整个学术界看来——他最称辉煌的学术迸发期，却偏巧是出现在他从前向后的转折中。那转折是发生于1970年代，而如果读者们此刻都还记得，科拉科夫斯基正是于1968年去国的，那么也就不难由此而想象到，那转折是发生在他流亡生涯的初期。——正是在那样的转折期中，旧有的问题意识还未曾淡忘，新的文化危机感还尚未结成，却又欣逢了可以自由发言的宽松场景，所有这一切条件的因缘凑合，就激发出了他生平最重要和最富成果的一次写作。

换句话说，如果根据我个人的阅读体会，科拉科夫斯基虽可说是著作等身，但他最具有创造性的那次学术写作，却只是发生在他流亡生涯的最初十年；而且，整个国际学界也最急需他在这方面的学识。尽管这次历时十年之久的艰苦写作，对他本人更像是一次理论上的自赎，尽管我们也都应该平心而论地承认，他此后仍在孜孜不倦地有所求索与斩获，但此间的寸劲却微妙地表现在：如果一个人不是曾经坚定地相信过马克思，那么他就不会对这种主义下过如此之苦功，于是他也就不会具备如此深湛的学识，来就它进行从源到流的、百科全书式的写作；但反过来，如果一个人毕生都始终如一地相信马克思，那么他也就生不出这样的意识和胆力，要对这种主义进行如此勇敢而透彻的清点。

说到这里，话题也就自然进入了科拉科夫斯基毕生的扛鼎之作——《马克思主义的主要流派》。

三

其实，如果并无特别的出彩之处，那么前文中所反映的作者印象，也可以说是非常的常见和老套，无非是早年激进、晚年老成罢了，就像一位德国友人曾对我讲过的那个西方笑话——他本人也是从嬉皮士演变成了雅皮士的——

> 一个人如果在 30 岁之前不信马克思，那么他可以算一个傻瓜；但一个人如果到了 30 岁之后还信马克思，那么他可以算一个更大的傻瓜！

可科拉科夫斯基的与众不同之处，刚好就出现在这个由年轻转向年迈、从激进转向保守的过程中。——当他想要仔细清点一下马克思的思想，也借机清点一下自己头脑中的学识时，竟以深厚的学力和坚韧的毅力，费十年寒窗之功去写下了这套大书。而从此之后，我们就几乎可以这样说：一方面，无论人们怎样评价马克思的功过，总归都要把他的思想的萌生和发展，以及此后的传播与影响，视作过去一百年多年最为重要的历史事件；另一方面，无论人们在读罢科拉科夫斯基之后，会就他的具体判断发表怎样的议论，总归都要把他所写的这套大书，视作该领域中最重要的必读书之一。

我本人在求学的大学阶段，也曾低首下心地修习过“马哲史”课程，还确实遇到了该领域中的公认名师。所以，从自己受过训练的眼光出发，可以从这部书的字里行间会心地觉察，当科拉科夫斯基刚开始酝酿这部书——起码是它的第一卷时，他大概还是自认作一位马克思主义者的，至少是那种“修正”意义上的马克思主义者，或者用他自己的话说，是一位“人道主义的马克思主义者”。所以，情况看起来很可能是，早在他求学和教学的前期生涯中，那些针对马克思主义基本原理的疑难，就已经由他向他自己的老师，再由他的学生向他自己，不厌其烦地反复提出来了。——只不过，他那时更愿扮演这类论辩的正方，而且他后来也利用过这样的教案；可是，越写到后来他就越是对之起疑，从而也就越想去扮演论辩的反方了。

当然即使如此，科拉科夫斯基也并非在进行全盘否定。比如，他在严厉检验了历史唯物主义的种种疏失之后，也没忘记再留给这种方法一些好评，而我们也都知道，他又转而指出的那些思想特质，也正是马克思在当今的社会学中，仍有资格去跟杜克尔姆和韦伯一道，被尊为“三位一体的神灵”的基本支点——

> 然而，这一切并不意味着马克思关于考察历史的原理是空泛的或是无意义的。相反，他已深刻地影响了我们队历史的认识。很难否认，如果没有他，我们的研究将会是不那么完整和准确的。例如，是否把基督教的历史描述为开放教条和教义阐释的智者斗争，或者是否这些被看做是服从于历史偶然性的各种方式和服从于若干世代的社会冲突的基督教团体生活的表现形式，这是大不相同的。我们可以说，尽管马克思经常用激进的、令人不能接受的公式来表达他的思想，但由于他使得历史思想焕然一新而具有巨大的贡献。[1]

另外，也正由于这套书的知识脉络，原是来自专业化的马克思主义课堂，特别是马克思主义哲学——以及国际共产主义运动史——的课堂，而只是到了后来痛下决心的系统清理中，作者才逐渐开始消极评判正在论述的对象，我们才会从这部书所展示的功力中，看出这属于“登堂入室”后的叛逆和否定。正因为这样，即使是不能或不许赞同他的人，也同样不得不坦率地承认，科拉科夫斯基是相当用功和惊人渊博的。可以再拿手边的例子来

1 莱泽克·科拉科夫斯基:《马克思主义的主要流派》，唐少杰等译，第一卷，哈尔滨：黑龙江大学出版社，2015 年，第 376 页。

对比一下：即使是那些生活在西方发达国家而又倾向于左翼激进思潮的后生，比如就说那位曼彻斯特大学的伊格尔顿，后者虽有勇气去顶着“历史终结”的压力，而刚又写出了新作《马克思为什么是对的》[1]——那在英文语境中可以算作对于科拉科夫斯基的正面反驳——只可惜这本薄薄的小册子，却因为行文大而化之而遭到了广泛的非议，所以，如果要让他来跟科拉科夫斯基比试一下，看看谁在马克思主义学上的功底更深，那么他肯定会自知不是后者的对手，说不定相比之下只能算个“文艺青年”了。

正因为这样，我们在这个篇幅已被限定的序言中，也就不必针对一套如此卷帙浩繁的著作，去逐条地进行概括与判定，以说明科拉科夫斯基到底讲了什么，以及他究竟讲得对还是不对。事实上，一篇译序并不应承担这样的责任，甚至在我所主编的各种翻译丛书中，还从来都不鼓励过于实质性的译序，以免干扰人们到阅读中去自行判断。——只是话又要说回来，无意去多谈自己的相关判断，并不意味着我就没有自己的判断；恰恰相反，凡是我的大学同窗都可以作证，我从那时起就围绕着很多类似的问题，跟权威的老师进行过长久的激辩，而且当时那种思想交锋的激烈程度，一旦过了 20 世纪 80 年代就变得无法想象了。但毕竟，

1　参阅［英］特里·伊格尔顿：《马克思为什么是对的》，李扬等译，北京：新星出版社，2011 年。

任何诸如此类的具体判定，不管它属于哪种倾向或立场的，不管它是想要“左袒”还是“右袒”，都必然引发无穷的延伸讨论，而这注定又是一篇序言所无法容纳的。

于是转念来想，针对科拉科夫斯基的这套大书，我们就不妨抱有这样的阅读心态：一方面要看到，这里首先有着他基于自己深厚的学力，而对马克思主义所进行的思想史综述或探讨，其中展示了这种思想在各方面的求索、辩难与困惑；另一方面也要看到，这里又有着他基于自己的实践与际遇，而对马克思主义及其流派所进行的追踪与取舍，其中反映了他那个时代的特定经验与关切。所以，不管人们读到后来能否同意他，都应当首先去仔细地倾听他，乃至同情地理解他。而只有在达到了这一点之后，人们才可以再基于自己的现有学力，来检验他所做出的具体学理阐发，并基于自己本身的亲切生活经验，来核准他所做出的一般价值判断。——无论如何，上述两方面既在内容上互有关联，又可以在心理上相对独立。所以，只要人们懂得和善于进行阅读，那么，他这部大书就足以吸引得人们，像走在山阴道上一样应接不暇，而不断地有所印证、惊喜与体悟，从而也就总会对自家的思想有所启迪，不管他们在各自开动了脑筋之后，会分别得出怎样不同的具体结论。

当然，即使已经认识到了这一点，我还是要约略提示书中的思想方法，以及这种方法对于我们应有的启示。——比如，这套书劈头所讲的第一句话，即“卡尔·马克思是个德国哲学家”，虽然乍看起来是再平淡不过，然而在我看来却是相当要紧，它可以起到开宗明义、正本清源的作用。换句话说，“德国哲学家”这寥寥几个字，就足以包含既独特又深远的语义，它足以让善于阅读的、思想活跃的人们联想到：正如那位尼采也同样是一个“德国哲学家”，而且他的哲学也包藏了“高效炸药”一样，身为青年黑格尔派的、性情浓烈似火的马克思，一旦就像操控着核子裂变一样，也把蕴藏在黑格尔哲学中的能量，全部都释放到了现代社会之中，那么，此后的历史效应也一定是极其惊人的。

此外，尽管后来有人非议过科拉科夫斯基，说他只不过关注了马克思的哲学，而对于他的经济学就兴趣不大，然而在我看来，正是开头的“卡尔·马克思是个德国哲学家”这句话，其实已经预先堵住了这类的非难——既然他从一开始就是把马克思所发挥的思想，主要地看成了一种思辨的哲学。而我们也只有由此出发，才能理解他对马克思主义经济学的态度，因为他基本上并未将其视作经济的科学，而只是视作一种哲学思辨的验证或延伸，以及一种用以社会批判的方便武器：

> 作为对于经济现象的阐释，马克思的价值论并不满足科学假说的一般要求，特别是证伪的要求。然而，它可以在不同的基础上得到维护，如作为一种哲学人类学

> [或者饶勒斯（Jaurès）提出的社会形而上学]，即异化理论的继续和那种表述对于历史哲学至关重要的社会生活特性的尝试，也就是当人类的技能和劳动被转译到商品之中时，它们成为货币抽象的媒介，并且服从于那种生产者不能支配的、不受个人情感影响的市场规律。这样，价值论并不是对于资本主义经济如何运行的阐释，而是对于在“什么都可以被出卖”的制度下客体的非人性化。并且因此也是主体的非人性化所进行的批判。根据这种观点，这一理论多少是对那个被货币权利所奴役的社会所进行的浪漫主义的抨击。[1]

值得关注和深思的是，一旦从“德国哲学家”这个特定的身份入手，科拉科夫斯基就得以沿着更为曲折而漫长的“路径依赖”，去发掘更为隐晦而深密的文化追求，而不必再像以往的臆断解说那样，非要从越来越“科学化”或“公理化”的，其实也就是越来越简单化的教条出发，认定马克思已经断然抛弃了自己的早期思想，或者换句话说，是基本上斩断了潜藏在自己心中的“文化之根”。不管是出于什么样的考虑——很可能就是为了堵住人道主义的“修正”解释——这类的解说后来竟然越演越荒谬，

1 莱泽克·科拉科夫斯基:《马克思主义的主要流派》，第一卷，第 335 页。

几乎总要推导出或暗含着“马克思在反对马克思”的结论；而且，这样的马克思还不光在反对自己的1844年手稿，也同样在反对自己的1857—1858年手稿，乃至自己的1862—1863年手稿，甚至就连《资本论》的相关段落也照样嫌它不够成熟。

无论如何，如果陷于这样的理论迷宫而不能自拔，那么鉴于他对于马克思著作的熟悉程度，科拉科夫斯基的下述串讲就很值得听取了：

> 越是熟悉政治现实，马克思的兴趣就越是转向组织革命而不是描述理想社会，他不像傅立叶或其他人那样忙于设计共产主义的细节。所以，更令他感兴趣的是阶级立场，而不是社会末世学（social eschatology）。然而，整个阶级斗争理论如果没有这种末世学就毫无意义，马克思毕生坚持他在1844年就已经论述过的共产主义的基本前提。他相信，在阶级斗争中，诉诸普遍利益是毫无益处的，而只能诉诸被压迫者的利益。后来，特别是在《哥达纲领批判》中，他清楚地把最初的、否定的、后革命的阶段与未来的大同社会（the universal community）区别开来，但在他的思想中一直存在对未来大同社会的期望，例如，我们在《资本论》第三卷里就能看到这一点。这与阶级斗争并不矛盾，与无产阶级通过保卫自己的阶级

利益而将成为整个人类解放者的信念也是一致的。[1]

不待言，如果仅就个人的性情而言，我会更贴近于自己刚刚论述过的伯林，他不仅一辈子都在发展和调适着，还坦然地承认自己思想的“未完成状态”，这在我看来总是更符合人类认识的规律的。[2]可无论如何，卡尔·马克思却并不是这样的性情，他在 26 岁时就写下了著名的《巴黎手稿》，在 27 岁时就写下了经典的《费尔巴哈论纲》，而从此就投身于激烈的思想论战中，并主要是在澄清别人的思想如何与自己的不同。也正因为这样，如此惊人“早熟”的思想反而就更有迹可循，而且他在这方面留下的蛛丝马迹，还准会包藏在他早年的教育包括文化的耳濡目染之中。正是基于这样的考虑，至少从我本人的理解出发，科拉科夫斯基的相关解说就更能显出说服力，因为他和苏东官方的僵化教条不同，不是更强调马克思在思想上的“断裂性”，而是更强调他在思想上的“连续性”。——这里的潜台词毋宁是，谁能理解多少马克思的真谛，那自然可以是他自己的事，但他却不能只因自己的不理解，就非要把马克思本人给肢解开来。

更具体地说，这种“连续性”还不仅表现在马克思作为个人

1 莱泽克·科拉科夫斯基:《马克思主义的主要流派》，第一卷，第 178—179 页。

2 参阅［英］以赛亚·伯林、［波兰］贝阿塔·波兰诺夫斯卡－塞古尔斯卡:《未完的对话》，杨德友译，南京：译林出版社，2014 年，第 100、155 页。

的前期、中期与后期中——既然他连写作《资本论》也是为了人本主义的终极目的——也同样表现在马克思所属的那个社会、国家与文明传统，所留给他本人的既深刻又隐秘的，有时就连自己都不能明确意识的“前理解”中。我们看到，正是在这类逾出知识常规的地方，科拉科夫斯基才显出了他那超常的学术功力，甚至就连他在神学史方面的专门学养，都被相应调动起来并发挥了作用。他在这本书中，引领着读者去从遥远的古代思想开始，让他们经由中世纪的“神学辩证法”而了解到，很多后来被归到黑格尔名下的玄奥理论，包括有名的“异化”和“否定之否定”的思想——如果再放宽眼界——就都是其来有自的。正因为这样，《巴黎手稿》中所提出来的那个激动人心的历史终点，即同时实现了“自然主义的人本主义”和“人本主义的自然主义”的极境，当然就是沿着漫长的文明轨迹才能抵达的，而且那过往文明的单位还不是单数，而是复数，——也就是说，无论是马克思还是他的老师黑格尔，在其思想的深处都隶属于“两希文明”，或共同作为西方文明来源的希腊与希伯来。

由此一来，此间有点缠绕的问题就表现为，一方面，此后处于社会实践中的人类动机，当然是在为了那个“历史的终点”而奋斗，而且这个作为“科学 + 社会主义”的终点，又主要是被马克思所天才地（或早熟地）思考出来的；但另一方面，专门回顾这种社会运动的思想史，却又必须更深一层地去尝试询问，对于那位作为年轻思想家的马克思来说，他当年进行这种思考的内在动力是什么，或者说，他当年心中的灵感究竟来自什么地方，以及他当年又为何要朝那个方向去思考。我们看到，正是沿着对于思想动机的这种追问，科拉科夫斯基找到了自己的独特解答：他到了本书第一卷的最后几页中，依次提出了马克思主义的“三大主题”，即“浪漫主义主题”“浮士德—普罗米修斯主题”和“唯理主义的和决定论的启蒙运动主题”，从而令人印象深刻地回答了这个深邃的问题。

为了能把思绪收拢回来，科拉科夫斯基还总结性地写道：

> 马克思的整个思想可以根据这三个主旨以及它们之间的相互关系来进行阐释。然而，它们与马克思主义传统的“来源”并不一致。马克思主义的浪漫主义倾向源出多处，主要来自圣西门、赫斯和黑格尔；马克思主义的普罗米修斯倾向来自歌德、黑格尔和青年黑格尔派的实践与自我意识的哲学（认识自己的创造者）；马克思主义的决定论和理性主义倾向来自李嘉图、孔德（马克思曾嘲笑过他）和黑格尔。这三个主旨都受到了黑格尔思想的影响，但它们都对黑格尔的原意进行了改造。[1]

1 莱泽克·科拉科夫斯基：《马克思主义的主要流派》，第一卷，第 423 页。

可想而知，这种解释既是高屋建瓴、匠心独运的，也是会引发热烈讨论，乃至激烈争论的。可无论如何，沿着在前文中留下的那个伏笔，我们到这里总可以会心地理解，也只有当科拉科夫斯基走笔至此时，他才算是完全落实了本书的第一句话，即“卡尔·马克思是个德国哲学家”。

说到了这里，我自己也不免有些技痒，想对此再进行一些顺势的发挥。由上一个问题牵引过来，另一个缠绕的问题又表现在：一方面，沿着费尔巴哈和青年黑格尔派的思路，马克思所创造的历史唯物主义，当然是要把“宗教”批判为一种“虚假意识形态”，而凭靠着这种批判的武器，他几乎是一眼就看透了宗教的来历与归宿，认为它注定要和一切建立在私有制之上的上层建筑一样，随着阶级对立与阶级斗争的消亡而最终消亡。我们也都知道，马克思这个极早就已形成的思想，也是相当“早熟”地就表达在他的《巴黎手稿》中：

> 宗教、家庭、国家、法、道德、科学、艺术等等，都不过是生产的一些特殊方式，并且受生产的普遍规律的支配。因此，私有财产的积极扬弃，作为对人的生命的占有，是一切异化的积极扬弃，从而是人从宗教、家庭、国家等向自己的人的即社会的存在的复归。宗教的异化本身只是发生在人内心深处的意识领域中，而经济

的异化则是现实生活的异化，——因此异化的扬弃包括两个方面。[1]

而另一方面，尽管马克思基于历史唯物主义的逻辑，明确指出过：

> 现代犹太人的生活不能以他们的宗教（好像宗教就是一种特殊的孤芳自赏的本质）来解释；相反地，犹太教的生命力只能用虚幻地反映在犹太教中的市民社会的实际基础来解释。[2]

然而有意思的是，我们沿着方才科拉科夫斯基的论述方向，却又能针对着这位现代的犹太思想家，联想到一种几乎完全反转过来的思路。也就是说，既然连剩余价值学说本身，都只是被发明出来的社会批判武器，而意在去凸显"异化"和践行"哲学人类学"，那么，似乎也可以从犹太人的古老宗教中，或者从他们充满平等主义理想的格言——"人们手和脑的功能是不同的，但人

---

1 ［德］卡尔·马克思：《1844年经济学—哲学手稿》，北京：人民出版社，1985年，第78页。

2 ［德］卡尔·马克思、［德］弗里德里希·恩格斯："神圣家族"，《马克思恩格斯全集》，第二卷，北京：人民出版社，1957年，第141页。

们胃的功能是相同的”——中，同样寻绎到历史唯物主义的隐秘起源和初始动机。换句话说，在所谓“科学社会主义”的话语中，作为“科学”理论的历史唯物主义，它的初始目的仍不过是为了实现社会主义的初级“平等”，以及实现共产主义的更加“平等”。所以这一层隐秘的关系，也正如我刚在其他文章中指出的——

> 如果说穿了的话，这里发生的事实无非是，亚伯拉罕宗教的某种意识又转而促使人们，反过来利用达尔文的学说本身，创造出新型的、以“进步”历程来验明正身的，并且以“历史”名义来自我展现的“绝对”。[1]

有趣的是，也许就是在这样的意义上，不光是早期马克思的隐秘心理，就连晚年科拉科夫斯基朝着宗教的回潮，也都显得不那么出乎意外了。

与此相连，又牵出另一种问题的缠绕，那就是历史唯物主义会不会“失效”的问题。一方面，我们都知道，马克思跟很多主张社会主义的同时代人的主要区别，就在于他并没有把“不以个人意志为转移”的历史进步，寄托在对于人类自身“善良意志”的空洞想象或徒然唤醒上。当然，这里所谓“不以个人意志为转

1　刘东：“进化与革命——现代中国的思想丕变”，见本书第 135—136 页。

移”，又并不意味着不再需要个人的行动了；正相反，正如晚年恩格斯就此所写到的，至少在历史的这个异化了的现有阶段，反而要利用人类个体的不自觉的“恶性”——

> 有人以为，当他说人本性是善的这句话时，是说出了一种很伟大的思想；但是他忘记了，当人们说人本性是恶的这句话时，是说出了一种更伟大得多的思想。[1]

这当然属于对历史唯物主义基本原则的阐发，而与此同时，恩格斯也是既老实又明白地指出，这种对于“性恶论”的历史性利用，绝对是受到了黑格尔辩证哲学的启发：

> 在黑格尔那里，恶是历史发展的动力的表现形式。这里有双重意思，一方面每一种新的进步都必然表现为对某一神圣事物的亵渎，表现为对陈旧的、日渐衰亡的、但为习惯所崇奉的秩序的叛逆，另一方面，自从阶级对立产生以来，正是人的恶劣的情欲——贪欲和权势欲成了历史发展的杠杆，关于这方面例如封建制度和资产阶级制度的历

1 弗里德里希·恩格斯:“路德维希·费尔巴哈与德国古典哲学的终结”，《马克思恩格斯选集》，第四卷，北京：人民出版社，2012 年，第 244 页。

史就是一个独一无二的持续不断的证明。但是费尔巴哈就没有想到要研究道德上的恶所起的历史作用。[1]

而另一方面，同方才所讲的“科学”要服务于“平等理想”的动机相连，鉴于这种理论自身的发明动机与工具特征，我们又不免要联想到，就连在《德意志意识形态》中提出来的，堪称最为基本的历史唯物主义原理，似乎也都是有其时间限制，而且过期就理应“失效”的。无论如何，我们也不能想象，到了共产主义社会，人们还会只具有那种“虚假意识形态”，或如俗话所说的是由“屁股决定思想”。正如科拉科夫斯基在书中所设想的：

“社会存在决定社会意识”这一准则可以看作意识与意识生活相一致这样一个更为一般的准则的特例，即一个适用于过去的全部历史的特例。在过去的历史中，人类活动的产物已经被转变为支配历史过程的独立力量。当这种支配消失并且社会发展服从于人们自觉的决定时，不再会有“社会存在决定社会意识”的情形；但仍然会有意识是“生活”的表现形式的情形，因为这是

1　弗里德里希·恩格斯：“路德维希·费尔巴哈与德国古典哲学的终结”，《马克思恩格斯选集》，第四卷，第 244 页。

认识论的原则，而不是历史哲学的原则。[1]

由此看来，就算有着黑格尔的“善恶二元论”可资倚靠，但马克思毕竟还又是一位社会主义者，所以归根到底，他还是不能把“性恶”视作人类的真正本质，而充其量也只能将其视为向着“性善”复归前的短暂迷失；此外，马克思的学说毕竟又来自大陆理性主义，故而会更倾向于和指望着人类“气质”的变化。由此，尽管他的历史预设已被经验社会学所采纳，并且由此而给他带来了身后的荣誉，但这种姑且从“性恶”出发的“唯物主义”理论，在他自己却只能被视作人类“史前史”的规律。

好了，尽管信手发挥起来不免兴趣盎然，可惜我在这个单元里已经逗留得太久了，以致都快要用完编辑所限定的篇幅了。因此，虽然相关的话题讲起来会没完没了，但我写到这里也就只有戛然打住了。

四

还有一件事情，也是拿历史唯物主义很难解释开的，那就是一直在困惑着人们的，当代中国社会的“变与不变”的问题。一

1 莱泽克·科拉科夫斯基:《马克思主义的主要流派》，第一卷，第352页。

方面，如果从经济起飞的角度来看，正如我曾经撰文指出过的：

> 尤数晚近几十年来所发生的变化，其速率之快，为时之长，幅员之广，和涉及人口之多，不要说在中国自身的历史上了，就是在整个人类的文明史上，恐怕都从未有过这样的先例。[1]

可另一方面，尽管当代中国这种快速的经济发展，肯定会给整个世界文明史带来持久的影响，而且，恐怕也业已给整个地球生态圈带来了剧烈的冲击，然而，在中国自身的“经济基础”与“上层建筑”之间，却并未发生从理论上本当预期的相应变化，而它对于“意识形态”的威权式管控，则主要还属于计划经济风格。

于是，同样令人困扰的是，单就本文所要交代的话题来讲，也正由于“上层建筑”与“意识形态”的相对不变，尽管大陆学者早从1980年代以来，就下功夫陆续译出了这部书的两个译本，然而这部研究马克思主义的重要参考书，却迟迟都不能跟读者们见面，使我们甚至会怀念起“文革”时期的“内部出版”来。而不无讽刺的是，倒是科拉科夫斯基此前此后的其他著作，却有不

1 刘东：《再造传统：带着警觉加入全球》，上海：上海人民出版社，2014年，第228页。

少都已经被翻译和印行了出来，这就好比是既在热心研究曹雪芹，却又根本不能读到《红楼梦》，或者是既在热心研究劳伦斯，却又根本不能读到《查泰莱夫人的情人》。从这个意义来讲，科拉科夫斯基这部巨著在当代中国的命运，也是正好反衬出了我们这个社会的错位状况。

事实上，这部无论如何都有其价值的著作，却又经年累月地都不能正常出版，这不光让其他专业的学者为之摇头，就连最热心于此道的马克思主义学者，也都曾经公开表示过内心的焦急，比如衣俊卿就在前述的那篇“总序”中指出：

> 以科拉科夫斯基《马克思主义的主要流派》为例，他在这部著作中对不同阶段的马克思主义发展进行了很多批评和批判，其中有一些观点是我们所不能接受的，必须加以分析批判。尽管如此，它是东欧新马克思主义影响最为广泛的著作之一，如果不把这样的著作纳入“译丛”之中，如果不直接同这样有影响的理论成果进行对话和交锋，那么我们对东欧新马克思主义的理解将会有很大的片面性。[1]

---

1 衣俊卿：“东欧新马克思主义译丛总序”，莱泽克·科拉科夫斯基：《走向马克思主义的人道主义：关于当代左派的文集》，第 25 页。

正因为这样，尽管人们也常用马克思在《莱茵报》时期的一段话，来对照眼下这种相当被动的舆论环境——

> 你们赞美大自然令人赏心悦目的千姿百态和无穷无尽的丰富宝藏，你们并不要求玫瑰花散发出和紫罗兰一样的芳香，但你们为什么却要求世界上最丰富的东西——精神只能有一种存在形式呢？[1]

但若进一步分析也不可否认，又正是马克思本人的某些思想特点，才会使这本想要跳出他的立场来研究他的思想的著作，在一个奉行马克思主义的国家遇到了障碍。只不过，要是按照科拉科夫斯基的看法，这责任也不应由马克思一个人承担，比如他在书中又讲到了，恩格斯如何跟马克思显出了“不同”，而列宁又如何对马克思进行了“修正”等等。然而，如果想让人们了解这些闻所未闻的情况，以便获得更多的松动契机和参考视点，那也总要让他们先有机会读到此书才行吧？

无论如何，正是在这样的僵局中，这部书的另一个译本总还算是幸运的，而它的那一批译者也应算是幸运的。在领衔工作

1　卡尔·马克思：“评普鲁士最近的书报检查令”，《马克思恩格斯全集》，第一卷，上册，北京：人民出版社，1995 年，第 111 页。

的三位老译者中间，即使是现已辞世的马元德先生，也至少见过远流版的第一卷，而张金言先生和高铦先生则都还健在，并马上就要见到整部书的联经版了。当然，在这里必须特别提出，这种幸运首先要归于钱永祥先生的功德，——自从我在一次会上顺口提到了此事，并拜托他帮忙寻找一家合适的出版社，他就一直在热心地牵挂着这部书，并终于说动了有名的联经出版社，从而实现了译者心中久有的夙愿。还要顺便再交代一句，张金言先生在我攻读博士的年代，正担任着社科院哲学所的研究员，算起来恰是我当年的师长，而高铦先生也同样任职于社科院，并曾为我的“人文与社会译丛”贡献良多，因此，只要能够效劳，我总应当义不容辞；而钱永祥先生虽与我见面不多，而我在同他论学时也曾不遑相让，但他却不仅让我见识了儒雅与宽容，也让我从他那里看到了热心与能力。

令人扼腕的是，如果“假设史学”在学术上是合法的，那么，只要我们的前辈在跨过当年那个十字路口之前，哪怕再只多读过科拉科夫斯基的这一部书，甚至只多读过他这部书的第一卷，或许整部的中国现代史就足可重写了。然而，这种“假设”毕竟也只是思想上的假设，而已然演成历史的沉重事实则是，正由于人们当年读到的书实在太少，尤其是，他们既未能在中学和西学之间求得平衡，又未能到西方学术的内部——比如在理性主义和经验主义之间、保守主义和激进主义之间、平等主义和自由主义之间、科学精神和人文精神之间——去求得平衡，由此才造成了德国的理论话语的一家独大。而正是由于这个缘故——

> 即使只是从表面的事态来看，在某种迄今尚且难知其详的历史语境中，这种“德国话语”的突然上升，既是跟共产主义的运动互为因果的，又整整笼罩中国的意识形态将近百年。所以，不管人们对于这种丕变的好恶如何，它在现代历史中都具有着“唯此为大”的地位。[1]

当然话说回来，虽然史学研究是可以假设的，但历史本身却又不能去假设。再者说，我又在其他文章中平心地讲过，即使如此历史也未必就注定悲观，因为纵然是在它的磕磕绊绊中，还是照样“涌现出了各种各样的志士仁人，他们虽有不同的倾向、专业与方式，也充满了纠纷、辩论与争斗，却总还足以去代表和统领民众，让中国逐步摆脱了被动挨打的局面”[2]。也正因为这样，尽管回溯历史时只能是举手无悔的，可我们一旦向前去筹划历史，却又可以去争取未来的转机。事实上，在上一代更具学术冲动的人们中间，还是颇有人曾经想要精心研读马克思的；而且，

1　刘东：“进化与革命——现代中国的思想丕变”，见本书第 131 页。

2　刘东：“《齿痛》到《药》的变幻：那个时代的拿来主义”，《道术与天下》，第 227 页。

当年有关“真理标准”的热烈讨论，也曾以其令人振奋的解放效应，从这种思想的内部证明了它的弹性，从而相当程度地鼓舞过大家的士气。

说到这里，请允许我不得已而稍微跳跃一下。——无论如何，撇开那些曾经使人深感苦痛的，但毕竟仍然相对细小的历史弯路，而以“长时段”的尺度来从大处着眼，那么，我们纵观当今这个小小的星球，会发现那些较为贴近理想的区域，如北欧，恰是由资本主义和社会主义合力塑造的，而且，在那里也不能说就没有马克思的影子，当然也同样包括曾经被他苛责的同道。所以，正如英国哲学家雷蒙·高伊斯在他的近作中所说，政治研究还是要去聚焦于现实政治，这尤其是因为它的规范性研究，总还是要源自具体的历史的权力形态，其中也当然包括来自意识形态的力量。由此，我们就应当转念这么看：实则乌托邦冲动并不是要去试图描绘完美的社会，而是要去思考政治中的不可能，以及去表达那些在当今条件下无法实现的、根深蒂固的愿望，并且去想象怎样才能变革那些看似不可改变的条件。[1]

我们基于这样的认识，再回到科拉科夫斯基的案例上来，也就不免要充满遗憾地想到，如果当年克里姆林宫里的官僚，不

1 参阅 Raymond Geuss, *Reality and Its Dreams*, Cambridge, Massachusetts: Harvard University Press, 2016。

是对于东欧的新马克思主义进行蛮不讲理的打压，驱逐了这样的“人道主义的马克思主义者”，而能够兼听则明、从善如流和因势利导，那么，他们的社会或许就还会留有更多的活力，也不至于就这么“一条道走到黑”，干脆让整个体制完全锈蚀和咬死了，终竟在一夕间就分崩离析地败亡。由此看来，只弄几个萧规曹随、死记硬背的工程师去接续坐庄——他们不仅自己毫无理论上的素养、才能和兴趣，还蛮横地不许人们去越出雷池一步，从而让这种思想失去了跟现实对话的能力和跟上历史步伐的弹性——那才是最大程度地曲解和危害了马克思。怪不得马克思到了晚年竟会恼怒地说，反正他自己“不是马克思主义者”！

所以九九归一，一方面，既然现代中国在遭遇西方的过程中，反正已脱不开马克思主义的路径依赖，那么，就无论如何都不能撇开或绕过它，相反倒要正襟危坐地研究它，包括从文化史、社会史和思想史的层面，对它进行真正富于学术价值的探讨。而另一方面，则又必须清醒地意识此中的两难，也就是说，既然马克思本来是一位哲学家，那就理应以一位哲学家而待之，这可以说是对他最好的尊重和礼遇；只可惜，他的学说本身所带有的那种爆炸性力量，以及由此所导致的一连串多米诺骨牌式的社会运动，却又往往迫使人们不能以哲学家待之。因此，我们必须充满辩证精神地看到：这样的抬高，从另一侧面来说却又是贬低；这样的尊崇，从另一侧面来说却又是轻慢；这样的神话化，从另一侧面来说却又是悲剧性的。

由此回想起，我在介绍史傅德教授（Fred E. Schrader）的成果时，曾经提及他以最切近真实的材料，展示了马克思本人的实际工作状态，包括他那学者式的独处生活、他的种种研究计划、他的藏书与阅读范围，以及他种种的精神疑虑、理论风险和思想赌注。而由此一来，正是——

> 这样一位鲜为人知的马克思，读来竟更觉似曾相识，仿佛就忙碌在邻近的哪间书房里，正一边书写和涂改着读书笔记，一边构想和调整着写作计划。于是，跟这样的一位马克思，我们也就更能平心和平等地对话，既然他实不过跟我们一样，都是在朝未知世界进行尝试性的探险。[1]

——说白了：又有哪个真正的学者不是这样，既像一位掉书袋的学究，又像一名大无畏的斗士，既充满了澄清错误的精神，又充满了汲取新知的渴望呢？

由此又回想起，当我前些年到特利尔大学去讲学时，曾发现马克思故居的留言簿上，十有八九竟都是用中文写下的。那种情

1 刘东："卷首语"，《中国学术》，第十九、二十合辑，北京：商务印书馆，2005年。

景至今都还历历在目，它最突出地表明了这样一个坚硬的事实：至少是在名义上，如今把其他各国的马克思主义者都加在一起，也不会有中国一个国家的多了。也正因此，即使马克思对中国的现代化运动来说，也许只是个相对遥远的“第一推动”，但他仍将在这片土地上留下长长的影子。考虑到这一点，我也曾援笔在那里写下了——“我是作为一个人，来访问另一个人”的留言。是啊，也只有把他当作一位可以攀谈的人，而不是当作一尊不能平视的神，我们才能更加真切如实地了解他。而我们现在打开这样一部艰深而厚重的著作，也正是想要通过科拉科夫斯基的介绍，来平心和平实地造访这样一个人，——当然还有我在这里未及细谈的，在这样一个人身后的长长而重重的背影。

2016 年 2 月 17 日下午于三亚湾 · 双台阁

起伯林而问之

——在“自由与多元”的轴线上

一

在这个“不出版，就灭亡”的现时代，已经很少有像伯林这样的学者，活着的时候虽亦声望卓著，却很少操心自己作品的出版，反而是到了溘然谢世之后，其著作才被源源地编辑出来。这才导致了，到我们于五年前（2011 年）在清华召开那次伯林讨论会时，这位于十多年前（1997 年）谢世的英国思想家，即使只是在大老远的中文世界里，都俨然有点“著作等身”的架势了，——毕竟，光是在译林的那套大丛书中，我们就已迻译了他整整十本书！而自那之后，我们又先后出版了他的《个人印象》和《启蒙的三个批评者》，以及我几乎同时拿到的这本《未完的对话》，和上次会议的结集《以赛亚伯林与当代中国：自由与多元之间》。另外又据出版社来信告知，不光是应奇手上那本克劳德的《伯林：自由与多元论》，应当很快就要译好并交给编辑了，而且伯林最早写出的那本久违的《卡尔·马克思》，居然也有望于近期面世了！

从上面的这番列举中，就可以很自然地看出来，伯林之所以这么欢实地“活着”，还真不像一般俗套所讲的，是因为他的思想仍在“活着”，——倒不如更具体也更尖锐地指出，那更是因为他所留下的尖锐问题，还在高度地“活跃着”并且强烈地“刺激着”。也正因为这样，我们上次请来的那些国际同行，才会大体上不约而同地，都选择了以“自由与多元”作为论述的焦点，而这也正是伯林遗留下来的、最具有“爆炸性”的问题。只可惜，虽说这些国际同行也全都同意，这绝对是围绕着伯林的最大疑难，可是对于究竟怎么来解决它，他们却又达不成基本的共识。——这些伯林的同胞们，要么就继续在智识上的努力，想要接替他把学理给疏通，要么就干脆否定这种努力，似乎这些都是徒劳无功的，而所有这些言人人殊的意见，也都原样反映到那本文集中了。

进一步说，这个所谓“自由与多元”的学术论域，之所以对我们显得如此重要，竟至构成了大部分发言的轴线，又是由于在这个“全球化”的时代，反而催生出了各种“本土化”的运动，从而，这场原生于西方的“现代性”运动，也不得不被嵌进了“后殖民”的语境。也正因此，当中国人沿着伯林的既有思路，也同样去苦思“自由与多元”的困境时，在我们心里就注定会或多或少地，总在参验着“现代与传统”或“舶来与本土”的，乃至“西方与中国”或“西学与国学”的框架。——在这个意义上，实际上对于伯林著作的中文阅读，从一开始就是在参照着当代语境的，而且还可以说，有没有切实而微妙的中国经验，对于这个问题的感受是会完全两样的。

正是从这层考虑出发，我向那次会议所提交的论文，就不再打算只是从政治哲学的内部，单靠摆弄个概念来“证成”什么命题，毋宁说，我是打算基于跨文化的研究角度，借助于“意识叠合”的比较思维，来把握“自由与多元”之间的牵制与平衡。正因为这样，伯林就被我或许有点移情地描述为：

> 他在自由理念和多元价值之间的那种左右为难、如临如履的平衡，或可以套用一个康德的句式来表达，那就是“自由无文化则空，文化无自由则盲”。也就是说，一旦多元主义所要求的宽容超出了人性底线，他就会希望借用自由理念来对之进行收束，而不是教条主义地去一味苟同文化相对主义；但反过来，一旦人权观念表现为外来的灌输和僵化的教条，特别是表现为单向的话语霸权和干涉特权，他又会希望动用多元价值去牵制这种文化单边主义，而不是非要把某种既定政治哲学体系推

向极端和推向荒谬。[1]

还记得，在我当场进行此番宣讲的时候，来自剑桥的凯利女士曾一再地点头，说那确实就是伯林本人的意思，而这也的确给过我一点信心，因为她正是那本《俄国思想家》的编者，肯定跟伯林有过很多当面接触。可无论如何，我自己心里仍然有点打鼓：这位女士毕竟还并不是作者本人，所以到头来还是很难说，要是伯林本人仍然活着的话，能否完全首肯我对他的解说。在这个意义上，其实但凡是在研究思想史的学者，包括曾经热衷此道的伯林本人，也都只能去竭尽所能地去估摸揣测，一方面当然也要去循着史料和理路，另一方面又只能是在姑妄言之，此乃概莫能外的千古憾事。

也正是出于这个心结，会后我又马上做出新的安排，要再来翻译伯林和贝阿塔的这本《未完的对话》。也实在是要感谢那些辛勤的编者，包括也来出席这次会议的乔舒亚·切尼斯——我们会务组的人都很喜欢他，亲昵地称他为具有童话色彩的“皮诺曹”——又几乎无中生有一般地，再为伯林编出了这本独特的书！有意思的是，尽管那些对话是在他生前进行的，可如果就我

1 刘东：“伯林：跨文化的狐狸”，刘东、徐向东编：《以赛亚·伯林与当代中国：自由与多元之间》，南京：译林出版社，2014 年，第 157 页。

们的阅读时序来讲，这本编成在伯林身后的对话集，相对于我们心中的疑难而言，还是部分地起到了“起伯林而问之”的效果。也就是说，这本《未完的对话》虽则内容散漫，朝各个方向都进行了思想漫游，然而它的主要内容和基本轴线，竟还是那个“自由与多元”的疑难问题！也正因为这样，这本书才让我尤其觉得过瘾，似乎不光是在验核着伯林的立场，也同样在考查着我自己的解说。

令人惊叹的是，这可不是一般意义上的学术问答，——那种来去匆匆、大而化之的记者访谈，我们实在是遭遇得太多太多了，甚至可以说，它几已构成了我本人的日常生活，也把自己折腾得不堪其苦了。但与之相反，来自波兰的女学者贝阿塔，不仅向伯林叩问得那样持续，那样细致，还追索得那样执着，那样不达目的决不罢休。无论如何，对于一位已经年届八旬又如此喜欢自由联想的老人来说，她的这种不懈“请教”有时简直算是“折磨”了，——正如哈代在该书序言中所交代的那样：

> 贝阿塔在觉得没有按照她所需要的方式得到回答的时候，是继续坚持己见的。她的顽强是非常值得赞扬的。凡是郑重尝试请求伯林口头述明他的理念的人都熟悉，要竭力让他守住正题，以克服他坠入闲篇的倾向，那些闲篇虽然常常趣味横生，却使得他离开了对话者想

要关注的开始的时候，贝阿塔感到敬畏、羞怯，而且对自己尚未经受考验的英语也没有把握，但是，她勇敢地坚守了自己的要务，尽管伯林像蜻蜓一样对各个题目一个一个地点到为止，常常只顾自己随意点拨而不是她的需求，在她竭尽全力要表达想要让他回答的问题的时候，打断她的语句。[1]

更令人庆幸的是，对于如此不依不饶的追问，伯林又从来都没失去过他的耐心，甚至还显得有点甘心情愿，这才留下了如此之多的、纷繁散乱的思想线头。凡是教过几十年书的人，都能够凭自己的直觉想到，这绝不会是他待人接物的常态，否则伯林就干不成他的正事了。那么，究竟是怎样一种特殊的缘分，才让伯林留下了这么多的“自由联想”，是因为贝阿塔作为年轻的女性特别能让伯林放松下来，还是因为她确实抓住了某些关键的要点？要不，就是因为她来自太值得同情的、铁幕下的波兰，抑或是因为她当时达到的程度，正好适于坐在安乐椅上的随意发挥？我们对于这类问题已经不得而知了。——而唯一能从书中看到的是，伯林回答得既随意又自信，总是在不假思索地信口开河，当然有时也就难免说走了嘴，正如他后来又对贝阿塔坦言的：

1 以赛亚 · 伯林、贝阿塔 · 波兰诺夫斯卡 – 塞古尔斯卡:《未完的对话》，第 5 页。

> 我年纪大了，思想常常混乱，所以不知道我表述我的思想是否像在我已经出版的著作中那样清晰。[1]

二

最容易映入中文读者眼帘的，还是书中对他的“两种自由”概念的辨析，正如我曾经就此所追述的，自从于20世纪80年代末开始接触它起，所谓“消极自由”的提法就成了伯林在中国的代称或字号。然而，在伯林同贝阿塔的谈话中，大概正是提问者的波兰身份，促使他更要关注“自由”的另一侧面。而由此一来，这也就正面回答了以往的那些非难，——它们要么就认为，伯林的“消极自由”之说反而毁了自由主义；要么就认为，伯林的“多元论”意味着怎么都行，包括哪怕彻底放弃“自由”也行。

可以举两段话来演示这一点。在讨论到能否容忍“说谎”的时候，贝阿塔不免要参照她本国的具体情况：

> 问题是我不仅得说谎，还得盗窃。例如，我写博士论用的纸就必须得偷来，不是我偷，是打字员得偷。打字纸是绝对买不到的。有一句特殊的话形容弄到难得商

1　以赛亚·伯林、贝阿塔·波兰诺夫斯卡－塞古尔斯卡:《未完的对话》，第96页。

品：修理（fix）什么东西。所以，她为我“修理了”打字纸。谁也没办法保持手脚干净，绝对办不到。[1]

而熟知苏东那些糟心情况的伯林，也随即就向这类不得已的“说谎”行为，表现出了他自己善解人意的体谅：

> ……但是你不巧在一种可怕的制度下面生活，那你就得说谎。就像我的一个可怜的朋友，一位苏联女士，在学校里有人她：“你最爱谁？”她说：“我父亲。”错了。回答应该是：斯大林。首先是斯大林，然后才是父亲。[2]

由此可见，正如我曾经做过的比喻，伯林绝对是只“跨文化的狐狸”，他的视野是装备了广角镜的，所以一旦转到了不同的侧面，他从那里所发出的观察结论，就会因时因地地发生细微变化，而不会只认可以顺从自己的死理；尽管如果纯从学理的层面而言，他还是更强调“免于”的“消极自由”，以抵制那些假“积极自由”之名来剥夺“自由”的、似是而非的诡辩，——就

1 以赛亚·伯林、贝阿塔·波兰诺夫斯卡－塞古尔斯卡：《未完的对话》，第199页。
2 同上引书，第200页。

像他在同贝阿塔的谈话中所说的：

> 说每一种法律都制止了一种自由，这不是老生常谈。这是针对一些人的，这些人认为，被某种制度决定，成为某种包罗万象有机组织的一个元素，这一过程本身就是起解放作用的。这样说是针对黑格尔和马克思的，对于他们来说，自由是对必然性的感知，对于他们来说，服从如果是正确的，服从就和自由一样。服从可能是必要的，可能是无害的，可能创造的自由比压制的更多；但是，服从依然是对某些事物的压制——这才是我的意思。[1]

但是，这样说并不意味着，在“消极自由”的那一侧，就不会出现什么负面效应了，或者说，伯林作为这种概念的提倡者，竟然从未看出“消极自由”的负面效应。恰恰相反，他在谈话中也曾明白无误地指出，这种提法到了那些“自由国家”中，反而可能成了政府“不作为”的托辞——

> 消极自由，一旦推向极端，就是指完全的放纵，例

1 以赛亚·伯林、贝阿塔·波兰诺夫斯卡－塞古尔斯卡：《未完的对话》，第117—118页。

如，十九世纪在煤矿里干活的儿童，矿主享有想雇用什么人就雇用什么人，想规定什么条件就规定什么条件的自由，因为这是自由的合同；这些苦命孩子的家长是要收到工钱的。沙夫茨伯里勋爵要求停止这种恶劣的行为。但是，在理论上，这是对消极自由的完全正确的解释，依据其极端的形式，忽视任何其他的价值观或者人类的条件。这就意味着，从形式适当的自由开始，终点却到达了奴役。[1]

那么，如果换到其他类型的国家来，相应的情况又会如何呢？——由此也就联想到我曾经讲过的有关当代中国的吊诡分析了。一方面，应当平心静气地承认，这种概念的确给我们带来了某种进展——

既然阅读伯林对我们是一种开始，那么这也就意味着，他所主张的“消极自由”概念，对于我们过去在“文革”时期的政治操作，是一种实实在在的防守和矫正。无论如何，现在的中国人相对于那个时代，还是享有了较多的自由，也往往敢于至少在这个意义上，来保

1 以赛亚·伯林、贝阿塔·波兰诺夫斯卡－塞古尔斯卡:《未完的对话》，第69页。

护自己的自由，这仍然算得上一种显著的改进！[1]

但另一方面，却又应当心怀警觉地看到，这种概念并未显出预期的神效——

> 在这个万马齐喑的物质主义时代，正因为太过消极和太过低调，反而没有足够的超出一己之私的民气可用；甚至，对应着这种时髦的论调，整个社会也都因为其成员基本上龟缩在小我之中，反而显得公共空间严重发育不全。正因为这样，我们有时候经常会抱怨，人们实在太相信伯林的“消极自由”观念了，以至于这个概念在理论上的可能缺陷，也从来没有像它在当代中国这样，被放大得如此之大。[2]

当然，即使这不是发生在他的身后，相对于他对苏东的了解而言，伯林对于中国的情况也不那么熟悉。不过，我们仍可以循着理路来推断，要是他了解到了当代中国的情况，尤其是，要是他了解到了自己对于中国的影响，那么，伯林肯定会在不无“荣

---

1 刘东：“阅读伯林的十年”，《思想的浮冰》，第 38 页。

2 同上引书，第 39 页。

幸”的同时，又来稍稍修正他对“消极自由”的侧重。——就此而言，实在是要感谢贝阿塔的追问，竟能让伯林亲口讲出下面这番话，从而化解了藏在我们心中的长久困扰：

> 我不否认，马克思主义关于自由的定义——特别是在苏联，还有在整个铁幕后面的，都对我有些影响，令我反对所谓的积极自由。如果我今天写这篇文章，我就不会那样坚定地说，消极自由是比积极自由更文明、更重要的。我会对积极自由更友善的。我认为我是友善的，但是大多数评论作者都认为我的讲演单纯地就是对消极自由的辩护，而且，在一定的程度上，是对积极自由的一次攻击。我从来没有这样的意图。如果得到这样的解读，就是一个误解。[1]

是啊，作为一只在思想上精明过人的狐狸，伯林的头脑是绝不缺乏这种灵活性的。在这方面的另一个佐证则是，他还曾在那些意识流式的漫谈中，高度评价了发生在晚期苏联的政治改革：

> 无论戈尔巴乔夫在苏联会遇到什么事，毫无疑问在

1　以赛亚·伯林、贝阿塔·波兰诺夫斯卡－塞古尔斯卡：《未完的对话》，第114页。

波兰、捷克斯洛伐克，甚至罗马尼亚，都应该为他立起塑像——因为如果没有他，在我看来，旧制度的解体是不会这么迅速的。[1]

无论如何，这件刚刚发生在20世纪末叶的将会被证明是最具世界意义的大事，是绝不会只凭“消极自由”的龟缩就能等到的。所以，到了该去积极争取自由的时候，还是要积极主动地有所作为。否则就有可能错失了变革的时机，到头来连“消极自由”也守护不住了。

三

正如前文已经提到的，伯林如此温和而节制的观点，却往往被人们视作是很具有“爆炸性”的。——如果按照列奥·施特劳斯的说法，是伯林的消极自由主义，在自由主义内部毁灭了自由主义；而如果按照约翰·格雷的说法，则是伯林所主张的多元论，在自由主义外部破坏了自由主义。

可无论如何，正是从他跟贝阿塔的谈话中，我们却可以获得一种确定的信念，即那至少不会是伯林老人的本意。比如，面对

1　以赛亚·伯林、贝阿塔·波兰诺夫斯卡－塞古尔斯卡:《未完的对话》，第53页。

着贝阿塔提出的问题——“如果我认为，在某种意义上，多元论是更具根本性的，我是否正确呢？”伯林几乎是断然给予了否决，从而维护了“自由”的基础地位，尽管他与此同时仍在坚持着，“消极自由”在相对的意义上，要显得更为重要或更加“自由”：

> 比自由更根本吗？自由不是一个梯子。在你找到其他某种东西——快乐，或者知识，或者好生活的时候，你不能把自由扔在一边。自由本身是一种基本的价值，没有自由，人就不能做出选择。如果他们不能选择，他们就不能生活，就不能思考。“自由”这个词的第二个含义是没有障碍，意思就是你应该有很多可供选择的道路。这就是多元论，它就是这样和消极自由结合起来的。积极自由的危险是你只能自由地做正确的事，这是孟德斯鸠说的话。但那是指你不能堕落。连康德都说过，人按照自己的方式堕落比不允许选择要好。[1]

当然，即使是跟他相知甚久的，他的著作的主要编者哈代，也同样会坦然地承认——

1　以赛亚·伯林、贝阿塔·波兰诺夫斯卡－塞古尔斯卡:《未完的对话》，第 207 页。

伯林就多元论与自由主义之间的关系所发表的评论看起来最多是模棱两可的，这是他在书面上留下的、没有解决的主要难题之一。实际上，他从来没有认真而系统地郑重注意这个问题。[1]

大概正因为此，在他同贝阿塔的放松谈话中，伯林有时甚至会漫不经心地，并不把多元论和自由主义的关系，说成是环环相扣的逻辑上的关联，而只说成心理学上的联想关系：

当然我能够责备我憎恨的体系，我不能做的事是佯装我不理解它们（多元论）。我能够看到有人愿意在某种对我说来令人厌恶的制度下生活，但是，之所以令人厌恶，是因为我的生活、和我的生活联系在一起的许多其他人的生活——我的整个的社会——都选择在另外一种制度下生活。他们为什么这样选择呢？你可以说这是心理学上的，但是在这一意义上，一切都是心理学上的，一切都不是逻辑上的。[2]

1　以赛亚·伯林、贝阿塔·波兰诺夫斯卡－塞古尔斯卡：《未完的对话》，第7页。
2　同上引书，第91页。

可即使如此，如果格雷是在明确地主张，可以让“自由”和“多元”彻底地脱钩，那么伯林却并没有这么去做。恰恰相反，一旦面对着来自东欧的学者，或者说，面对尚且缺乏这种“基本自由”的人们，伯林还是毫不迟疑地道出了自己的侧重，即“自由”作为一种基础的价值，对于自己来说仍属不可或缺的；而且，也正因为这样，如果有人想要剥夺这种基本的价值，那么就连他本人都不惜去为之一战：

> 如果我是自由论者，我就宽容他们（指“不认同我的信仰的人”——引者）；价值观多元性的存在本身并不强迫我去宽容他们。我之所以宽容他们，不是因为我是一个多元论者，而是因为我是一个自由论者——我的文明恰好是提倡自由的，但这不过是一个孤立的事实。还有一个要点：如果其他这些文化的价值观威胁我自己的价值观，如果它们不仅和我的社会的价值观不相容，还积极设法破坏我的社会，那么——即使我可能完全理解是什么因素（在社会学上或者心理学上，或者宗教上）引导人们走向这些信念——那我也要保护自己，抵御这些价值观，而且认为我这样做是理所当然的。如果它们的确是危险的，威胁了作为我的社会存在基础的种种妥协的话，那么，我就可能不得不去攻击这另外一个

文化，乃至参加战争。[1]

不过，一旦把这一点给咬定了，另一个严峻问题也便接踵而来了，那就是自由主义到底还有没有“普遍性”的问题。不难想象，像约翰·格雷这样的学者，既已在明确地主张两者的脱钩，就会主张自由主义并不具备“普遍性”，鉴于它已明显容不下多元论中的某些部分；而反过来，那些趾高气扬、目空一切的自由主义者们，则仍会主张它放诸四海的“普遍性”，而且他们还会在罗尔斯的意义上，既很宽容又很霸气地说，任何人只要先来信奉了“政治自由主义”，那么在这种普世价值的圈圈内，他就可以再去“随便”奉行任何形式的多元论。

当然，伯林在这本对话录里，并没有正面地回答这个问题，这也可能是因为贝阿塔并没有就此问到他，——伯林曾经讲过一个有趣的比方，说自己几十年来就像一辆“出租车”，只要没人招呼就宁愿趴在那里不动。可即使如此，我们还是可以沿着基本的理路，来尝试着代他回答这个问题。而且，我就此提出的结论还并不特别复杂，可以只被表述为短短一句话：如果“自由”是作为一种“主义”，那么它就并没有什么“普遍性”；但如果“自由”是作为一种“主张”，那么它就仍有相当的“普遍性”。

1　以赛亚·伯林、贝阿塔·波兰诺夫斯卡－塞古尔斯卡：《未完的对话》，第69—70页。

此话怎讲？且让我先换一个例子来演示，这在语言的结构上很是类似。我曾在以前的文章中提出，伯林这只“跨文化的狐狸”，是在“在自由主义和多元价值之间，在个人独立与民族情感之间，在道德支点与文化传统之间，在文明底线和历史路径之间”，[1] 小心翼翼地寻找着弥合与平衡。而这一回，我们又在这本对话集中再次读到了，他是如何在小心地区分和厘定着，什么是堪称正常的“民族意识”，什么则是恶性发作的“民族主义”：

> 民族主义是民族意识的一种病理性质的发炎。其症状是言说并且相信我的民族比你的民族优秀；我要兼并你们，或者至少也要把你们同化为我的类型。我知道怎样生活，因为我属于一个充满世袭智慧的民族，而你是一个堕落分子或者野蛮人。我是文明的，这个情况给予我权利强迫你按我的方式生活或者遵从这个方式、服从它的律法，无论你喜欢不喜欢、理解不理解。[2]

于是就很显然，尽管伯林也曾倾向于“自由民族主义”，然而说到底他还是认为，只有“民族意识”才具有“普遍性”，而

---

1 刘东：“伯林：跨文化的狐狸”，《以赛亚·伯林与当代中国：自由与多元之间》，第138页。

2 以赛亚·伯林、贝阿塔·波兰诺夫斯卡－塞古尔斯卡：《未完的对话》，第104页。

“民族主义”则并不具有“普遍性”。

再回到有关“自由”的讨论上来。尽管当时的问题意识还不尽相同，而更其担忧着国学的当下困境，但我于去年提出的“大空间”和“小空间”的概念，也同样有助于厘清“自由”和“自由主义”的边界。——且让我先把这种提法再引述过来：

> 在一方面，鉴于露丝·本尼迪克特和米利福德·格尔兹所提出的文化相对性，我们至少应当在进行文化对比时，慎用类似“普世性”这样的概念，可在另一方面，这种“退一步”而言的文化相对性，又不应当把我们拖入难以自拔的相对主义，因为我们总还可以在相对而言的意义上，借助于像“大空间”和“小空间”这样的概念，来历史性地描述不同的文化因其内在的特性，而在传播方面所展示出的优势或劣势，乃至在传播范围上所实际达到的广远或偏狭、普遍或逼仄。[1]

由此也就能循着理路推导出，当“自由”被当作一种“主张”的时候，它是有理由进入当今世界的“大空间”的，因此至少是在传播学的意义上，它就可以算是具有“普遍性”的；而这

1 刘东：“国学如何走向开放与自由”，《自由与传统》，第 15 页。

也就意味着，任何西方之外的文化共同体，即使它是在沿着“多元”的价值传统走来，但只要能在反观自身时看到了“自由”的倾向，都可以把它自然接引到这个“大空间”中，或者说，接引到跨越文明的世界性对话中。而反过来说，当“自由”被当作一种“主义”的时候，它却只可能是属于某个“小空间”的，因此也就是并不具备“普遍性”的，至少不是它的全部命题都可以如此，所以不能再去“拔出萝卜带出泥来”，又把本己文明中那些幽深的预设，全都“搭售”给来源不同的其他文明；虽说即使做出了这样的微妙限定，我们也不仅不必去否认，而且必须要感谢近代西方对于“自由”概念的精细厘定和空前开掘。

也只有经由这种细致的辨析，我们才能在“自由”和“多元”之间，保持住足够的弹性势头和回旋余地。一方面，在“多元”同“自由”的“对着讲”中，固有的文明就既可以不再表现为紊乱与失序，又足以参照着当今世界的“大空间”，去进行不断的发掘、评估与重组。而由此一来——

> 某些以往被压抑或忽视的潜在线索，如今就有可能在“对着讲”的语境下，被重新赋予了思想的力量和生机，从而，某些曾经被判为先哲“短板”的外缘观念，如今也有可能在“对着讲”的激发下，而以“正中下怀”或“早该如此”的惊喜口气，被从自身的精神历程

中接引出来。[1]

事实上，正如我多次申论过的那样，从梁启超，到陈寅恪，到马一浮，到牟宗三，都是循此理路去既反本又开新的。而正因此，他们就从本国的史料中找到了大量的证据，证明早从先儒开始就是向往“自由”的，所以这种造极的境界可以说是“心同此理”的。——当然也许尚需补充一句，当他们谈论这种“自由”的时候，尽管未必一定要想到其英文的对称，但恐怕还是更靠近于“freedom”而不是“liberty”的。

但另一方面，这种心同此理的、广被接纳的“自由”倾向，又毕竟只是就一种“主张”，而不是就一种“主义”来讲的。事实上，正像昆廷·斯金纳描述的那样，即使是在西方自己的历史中，也同样有过“自由主义之前的自由”。[2] 因此，这种“主义”作为一种现代形态的理论推演，原本就只是发轫于西方文化内部的，并且暗含了那个殊别文化的幽深预设。只不过，由于发展至今的全球化进程，在很大程度上仍只表现为西方化，才使得这种源于“小空间”的话语，强势涌入了国际化的“大空间”中，甚至也要求被视作“普世性”的，哪怕已经一再导致了“水土不

---

1 刘东：“国学如何走向开放与自由”，《自由与传统》，第 21 页。

2 参阅［英］昆廷·斯金纳：《自由主义之前的自由》，李宏图译，上海：上海三联书店，2004 年。

服”的乱局。正因为这样，对于这种过于“单极化”的、既片面又似是而非的全球化，就必须以辩证的精神来进行解析，既不去拒斥它所伸张的、具有“普遍性”的“自由”主张，将其视为属于“大空间”中的必备要素，又不去盲从它暗中裹挟的、具有“殊别性”的“主义”，以免又让本土沦为了“画虎不成”的“亚西方”。

在我看来，如果能沿着这种大、小空间的良性互动，那么，围绕着这种“自由”与“多元”之间的轴线，就不难找出值得预期的学术前景了：

> 正是这一个个既不可置换又不可替代的“小空间”，在一个方面，需要在自身共同体的“必要的张力”中，维持住自己固有的生活世界，和看护好既有文明的路径依赖；而在另一个方面，也要为彼此共享的、多元一体的“大空间”，提供出源源不断的、借以持续对话的精神动力；更不用说，在它们之间所发生的摩擦、冲撞和协商，还要为世界文化的进一步发展，提供出作为互动与互渗之结果的未来方向。[1]

1 刘东：“国学如何走向开放与自由”，《自由与传统》，第 19 页。

而不无巧合的是，至少是按照我个人的体会，伯林就此也是执有同样的态度：

> 伯林对他自己的首要要求，其实也正是要在不断的调适中，始终站立在“自由与多元”的那个契合点上。也就是说，他无时无刻不在充满自警地提防着：这两种观念在此一点上的侥幸重叠，并不意味着它们在彼一点上的必然重叠，更不会自动意味着全盘的相互覆盖。——毕竟，在现有的政治思想体系中，“自由”概念并不等同于“多元”，因为它暗含着来自西方文化的诸多前理解，而“多元”主张也并不归属于“自由”，尽管它有时还要乞助于前者的基本保护。[1]

四

同样不无巧合的是，针对“自由”与“多元”间的关联问题，我又曾在“伯林：跨文化的狐狸”一文中，以“跨文化→人类学→不可通约的多样性→选择的优先性→自由主义的宽容原

1 刘东：“伯林：跨文化的狐狸”，《以赛亚·伯林与当代中国：自由与多元之间》，第158—159页。

则”[1]这样的轨迹，来推导伯林思想的推进过程。而如今再来对此回味，如果以前文中的说法来进行印证，那么这种个人认识的发展过程，就既可以被说成是思想史意义上的，也可以被说成是心理学意义上的。于是，这也就微妙地意味着，在伯林那个由求索而生成的、表现为动态的心灵世界中，就一方面而言，是“自由”享有着价值上的基础性或优先性，但就另一方面来说，则又是“多元”享有着认识上的基础性或优先性。

令人欣慰的是，从这本新编的对话集中，我们又可以确凿无误地读到，伯林本人也在“自由”与“多元”之间，勾勒出了这种“不可逆”的发展过程。换言之，在他看来，如果从自由主义的立场出发，未必就能走到多元论，但如果从多元论的立场出发，却一直都能通往自由主义——

> 大部分的自由派，显然，都可能是多元论者，不过，不存在什么逻辑的关系。反过来呢，有的。从多元论到自由主义，是有某种联系的——直接的，而不是松散的联系。因为如果你是一个多元论者，当然你一定会允许广泛的差别存在的。这就是多元论：我理解另外一

1 刘东：“伯林：跨文化的狐狸”，《以赛亚·伯林与当代中国：自由与多元之间》，第150页。

种文化的做法；我理解人们可能有不同于我的价值观。我能够理解人们怎么能享有建立在不同于我的原则上的生活。我不接受它们，但是我知道人是能够成为一个人，成为一个有道德的、完全有尊严的人，而又能够接受它们。我能够看出来，充当一个罗马人是怎样的。我不喜欢罗马人在舞台上处决罪犯或者奴隶——实际上他们杀死了这些人——但是我知道，存在着允许这类事情的一种文化；这个文化不是不人道的，那种生活是可能的。你一旦允许它，你就不可能不是自由派。非自由派多元论是不存在的。所以，存在着某种联系。[1]

如果再引证一段相关的对话，我们就足以更加确凿地了解到，那并不是伯林坐在安乐椅上的心血来潮，而是经由他深思熟虑过的立场。——引起这段话的起因是，贝阿塔又向他转述了约翰·格雷的观点，即不能“从一个多元论的真实中为自由主义找到理由”：

伯林：不，多元论能蕴含自由主义。神道教信徒对于世界其他的部分是持自由态度的。如果你是一个多元论者，那么，必定在有些地方，不同于你的某种选择是

1 以赛亚·伯林、贝阿塔·波兰诺夫斯卡－塞古尔斯卡：《未完的对话》，第 221 页。

得到允许的。

贝阿塔：但是格雷说，如果成为多元论者，并不蕴含自由主义。

伯林：嗯，我认为是蕴含的。

贝阿塔：因为神道教信徒对于世界其他的地方是持自由态度的。

伯林：是的。不然他就不是一个多元论者了。正因为如此，多元论，在这个意义上，才必定蕴含自由主义。[1]

当然，如果我们再进一步地观察，还会就此发现更多的纠结与缠绕。这是因为，“自由”与“多元”之间的复杂关系，还会更加诡异而多变地表现在，即使一个人能够在认识的过程中，建立起这种沿着时间发展起来的、具有心理学意义的相互关联，他还是不能避开又在空间关系中并列出来的、“自由”与“多元”之间的那种往往“非此即彼”的选择。也正因为这样，伯林有时候才把这两者间的关系，既说成是心理学意义上的连结，又说成仅仅是“有限度的宽容”——

1 以赛亚·伯林、贝阿塔·波兰诺夫斯卡－塞古尔斯卡：《未完的对话》，第225页。

多元论和自由主义之间有某种心理学的连结吗？

有。如果说我具体做的事情之一就是理解其他的文化、这些文化怎么形成的、我的文化和他们那种文化之间的差别是怎样出现的、荷马的文化和罗马文化之间有什么差别、伊朗文化和红种印第安人文化之间有什么差别，等等等等——如我这样做，我的倾向就既不是忽视也不是压制这些文化，也不是显露姿态，好像这些文化根本不存在，我的文化是唯一的文化，是最好的，足以忽视或者蔑视其他的文化、拒绝或者攻击它……那不是你的文化，但是你能够容忍它，你甚至能够理解人怎么能够那样生活，虽然你自己是不准备那样的。这种精神状态必然导致自由主义的核心：有限度的宽容，不是没有限度的宽容，以你的文化不陷入致命危险为前提的宽容——但是仍然是宽容。[1]

既然如此，在一些并非无关紧要的、有时甚至相当吃紧的纽结点上，我们又不免会心怀困扰地看到，在“自由”和“多元”之间也会形成竞争。并且，又正如在前文中已经引述的，伯林基于他沿着“多元”而走到的“自由”立场，也早已旗帜鲜明

1 以赛亚·伯林、贝阿塔·波兰诺夫斯卡－塞古尔斯卡:《未完的对话》，第 73—74 页。

地表示过，一旦遭遇到了这样的纷争时刻，“自由社会”也必须勇敢地挺身回应。——而我们对于这一点，也应当沿着一贯的逻辑来体会，实际上“自由社会”对于自身“自由”的保卫，也正是“多元社会”保护自身“多元”的一种形式；否则的话，要是这个世界只剩下了噪杂的“多元”，反而不存在任何独立存在的“自由”，那么这个“多元世界”也就失去了其中的关键“一元”，甚至，就连它们有可能形成交叉叠合的那个部分，也将会色彩单调地、令人绝望地丢掉了。——正因为这样，这样一种在竞争中并立的关系，便恰如伯林在其谈话中所讲的：

> 一个非自由的社会是可能努力保护自己、不接受皈依自由主义的尝试的；而一个自由的社会，则要抵御将其变成极权主义或者神政论（或者，变成以某种方式威胁其根基的暴政社会）的尝试；我属于一个自由的社会，我宣扬宽容；但是，只是在某一个程度上。一个自由的社会能够允许法西斯党、宗教狂热主义、原教旨主义、所有形形色色的其他非自由学说存在，但是——有一个前提——它们的势力不得发展到足以威胁一个自由国家的基础。这是一个基本点。……如果有什么战胜了它，对它施加暴政，我如果是一个不怎么勇敢、以和为贵的人，就会宽容，但是心里持续痛恨；如果我勇敢一

点，又找到了盟友，那就要设法将其推翻——这也就是对极权主义、对任何种类暴政展开反抗的理由。[1]

其实，如果只把话讲到了这里，当然也可说是仍然无甚高论。而伯林更加可贵的地方则在于，他真是无愧为一只“跨文化的狐狸”，所以在他看来“多元社会”也有同样的权力，换言之，也是同样需要去保护自己，而且它这样去做也正是在保护“自由”。

如果你是一个多元论者，你就要忠诚于对各种观点的宽容——不仅是宽容，还有对这些观点的理解。一旦你理解了他人的观点，你就有机会理解（在时间和空间上）遥远的文化十分不同于（你所在的时代的）你自己的文化的观点。但是，如果某一种文化对于它所威胁的多元社会变成了危险，则这一多元社会——以保护多元论和／或自由主义的名义，如何称呼，悉听尊便——就有权利镇压、反对这样的文化。[2]

1 以赛亚·伯林、贝阿塔·波兰诺夫斯卡－塞古尔斯卡:《未完的对话》，第 71 页。
2 同上引书，第 81 页。

不单如此，或许会出乎某些人的意料，伯林又从另一个侧面指出，不仅“多元”有可能意味着某种危险，而且一旦“自由”演成了某种“主义”，也有可能表现得相当霸道和教条。于是，既然指明了这样的思路，也就更可以帮我们领悟出，为什么按照伯林本人的看法，从自由主义才是走不到多元论的：

> 从自由主义你是不能够走到多元论的，因为你可能持有一种十分霸道的和完全教条主义的自由主义，你这个自由主义说：“这，就是真实。我，一个自由派，我说的话都是真实的，其他的一切都是错谬的。我不允许不同的见解。我已经发现了答案，发现了如何生活，答案是自由论的。”所以，如果你不是一个多元论者，也可能是一个自由派。每一个运动都可能是霸道的、强迫性的：不许可人们成为——不管什么——保守派；不允许成为罗马天主教徒。世俗的自由主义能够成为一个教条主义的运动。[1]

伯林甚至还这么说：

1 以赛亚·伯林、贝阿塔·波兰诺夫斯卡－塞古尔斯卡：《未完的对话》，第220页。

> 一个人能够成为一个自由派和反多元论者吗？一个人能够成为一个狂热的自由派、寻求铲除全部替代形式的政府吗？在理论上，我认为可以，但仅仅是在理论上。[1]

照此说来，我们既然读到了这里，就千万不要再给他硬贴什么标签了，比如闭上眼睛也要认定，伯林必然是，无非是，且仅仅是一位“自由主义者”。实际上，正如我反复申论过的那样，伯林的立场毋宁是更加灵动与滑移的，是基于“自由”与“多元”的牵制与平衡的。——这也就是为什么，他宁可去琢磨那么多“另类”的思想史案例，去列举那么多自由主义之外的思想选项，甚至去发掘那么多自由主义的思想对手，也不像另一位作为思想“刺猬”的罗尔斯那样，要倾毕生之力去修造自由主义的体系城堡。

正因为这样，虽说并不能真正去“起伯林而问之”，但一旦轮到需要给出某个具体判断的时候，我们还是应当到“自由”与“多元”的平衡中，去乞助于他那种追求“意识叠合”的灵活技巧，——正如我上次已经就此写到的：

> 一旦多元主义所要求的宽容超出了人性底线，他就会希望借用自由理念来对之进行收束，而不是教条主义

1 以赛亚·伯林、贝阿塔·波兰诺夫斯卡－塞古尔斯卡:《未完的对话》，第 79 页。

地去一味苟同文化相对主义；但反过来，一旦人权观念表现为外来的灌输和僵化的教条，特别是表现为单向的话语霸权和干涉特权，他又会希望动用多元价值去牵制这种文化单边主义，而不是非要把某种既定政治哲学体系推向极端和推向荒谬。[1]

五

从“自由”与“多元”的话题，不免又说到“一元”与“多元”的关系。实际上，现代西方社会的全球性扩张，和“自由社会”对自身“普世”价值的推展，使得后者从本来的本体论领域，悄然转换成了某种政治哲学的命题，致使在很多学者的模糊意识中，这两者已俨然变成了同一个问题。

由此，我们由上面的论证便可得悉，原本在伯林本人的头脑中，就已存在着“一元”与“多元”的并立、争锋与变奏了。而既是如此，我们就切不可再冒着“比较的风险”，以一种“极化处理”的化约方式，只把所谓“一元”归结给作为“刺猬”的施特劳斯，又只把所谓“多元”归结给作为“狐狸”的伯林。——

1 刘东：“伯林：跨文化的狐狸”，《以赛亚·伯林与当代中国：自由与多元之间》，第157页。

经常可以见到的这类通行做法，虽亦可使写作的过程变得容易操控，然而不幸的是，它也会使作者的思路同样变得简易，以至于经常要自觉或不自觉地，忽略掉那些无法“代入”公式的因素，从而强令论述对象也随之变得失真与变形。

顺便再来交代一句，所谓“比较的风险”的提法，是我往年在一篇同名的文章中所指出的，它揭示出“‘比较’这种思维方式本身就有可能暗藏着危险的陷阱，使人有可能对把捉的对象进行简化和极化，乃至将其应有的丰富性大大削弱”[1]，而正因为这样，如果有人居然“一味去比较相异点，听起来虽很敏锐很过瘾，却也有可能在判然的‘二分法’中，不自觉地夸大事物存在的极限状态，甚至在强烈的‘我—他’对比中，忘掉了早先未遭变形的正态分布”[2]。

作为一种鲜明的对比，再来看看伯林自己是怎么说的。——幸运的是，正好贝阿塔向他问到了这方面的问题：

> 一方面，您是多元论者。您肯定多样性，您相信在政治学、道德或者艺术中没有客观的标准，可用以评判其他所有的互相竞争的理念。但是，在另外一方面，在

1　刘东：“比较的风险”，《读书》，2001年第1期。

2　同上。

您的著作中，又有对于人性的某种普遍规范的渴望。是这样的吗？[1]

而伯林对她的回答，则可以说是既干脆又明确：在一个方面——

即使没有这一意义上的人性——例如，卢梭相信，如果你除去（像他想那样）由社会和文明造成的全部的增量、全部的修饰、腐化、歪曲，等等——就会发现一个基本的自然的人……卢梭认为，人文艺术是一种比较迟到的和也许是灾难性的发展后果，而柏克说，这乃是“人性的组成部分”；如果你剥夺了强加给这纯洁的、自然的人身上的全部人造的信仰、习惯、价值观、生活和行为的各种方式，也就没有了作为中心的、纯洁的、自然的人了。我否定某种规定的人性，其意义就在于此：我不相信所有人在相关的多方面都是同样的“内里”，亦即，我相信，多样性是人的生存的一部分。[2]

但与此同时，伯林又指出了硬币的另一面——

1　以赛亚·伯林、贝阿塔·波兰诺夫斯卡－塞古尔斯卡:《未完的对话》，第 173 页。

2　同上引书，第 20—21 页。

我相信永恒可能的变化、修正、多样性，却不能断言有某种中央的核心是得到修正或者变化的——在全部这些为实现交流而正在经历各种变迁的不同个人和群组之间，一定存在足够的共同之点。要表明这一点，可以几乎机械地列举各种基本需要——因为这个理由而堪称“基本的”——而这些需要的各种形式和多样性是属于不同的人、文化、社会的，等等……所有其他的基本需求也是这样：我的神话、形而上学、宗教、语言、手势很可能变化幅度很大，但是并非如此的是这样一个事实：这些都是尝试设法要向我自己解释，要让我自己明了一个谜一般的、可能不友善的环境，或者，世界……这就是我的意思：没有某种固定的，却有某种共同的人性：没有后者，就不可能谈论人，或者，谈论交流，而全部的思想都是取决于交流的——不仅思想，还有情感、想象力、行动。[1]

当然，话说回来，如果不去放纵这种“比较的风险”，换言之，如果不去任意夸张两造之间的差别，以致竟然造成了“两极

1 以赛亚·伯林、贝阿塔·波兰诺夫斯卡－塞古尔斯卡：《未完的对话》，第20—21页。

化”的变形，那么我们当然还是可以说：在那架“一元”和“多元”的精妙天平上，一向醉心于西方古典文本的施特劳斯，肯定还是比伯林更靠近于前者；或者说，一向关注着其他文明价值的伯林，肯定还是比施特劳斯更靠近于后者。

从这本对话中可以读到，有的时候，伯林会把自己的这种倾向，仅仅描绘为个性中或趣味上的选择：

> 我不愿意世界不整洁，但是不要太整洁，一尘不染，像英国人说的；不要拧得紧紧的……归根结底，这的确是一个趣味的问题……黑格尔和黑格尔理论的某些批评家把决定论说得像一个箱子，我们被装在里面，或者那箱子被叫作封闭宇宙，在这个宇宙里没有自由运动，虽然有某种类型的发展，但是存在着终极静止的事物。是的，其中存在着运动，但是运动是完全在一个静止的对象之中，而且受到它的控制。我宁愿世界不是像这样的。我不能确认对于你来说不是这个样子，但是如果我确认是这样的话，我会感到不快乐的。我不愿意宇宙过于整洁。我既不愿意也不相信事物被封锁起来，所以我相信自由意志，和得到开放的机遇。[1]

1 以赛亚·伯林、贝阿塔·波兰诺夫斯卡－塞古尔斯卡：《未完的对话》，第119—120页。

然则照我看来，这里却并非只存在着趣味或个性的差别。毋宁说，在当今这个“文明对话”的时代，如果施特劳斯更其醉心于“一元”，是单极地对应着西方的文化之根，甚至是出自对于多元文化的厌恶或反弹，那么伯林更其关注着“多元”，则是宽容地对应着诸神的争执或冲突，甚至反映了对于西方本身的克制与反省。所以在这样的意义上，这两位政治哲学家虽则同属犹太裔，实则各自的思想容量还是大不一样的。——如果来自施特劳斯的更加保守的挑战，是代表着古代而瞄准了现代，代表着西方而瞄准了非西方，也代表着书本而瞄准了现实，那么，来自伯林的更加开放的姿态，则是代表着现代而回应了古代，代表着他者而回应了西方，也代表着现实而回应了书本。

正因为这样，就不妨再跟着这么说：如果施特劳斯的更倾向于“一元”，是更倾向于西方中心论，那么伯林的更倾向于“多元”，则是更倾向于诸神的喧哗，倾向于跨文化的对话，倾向于文明的多样性，倾向于全球化中的本土化。由此可见，在这种“一元”的“多元”的相争中，尤其对于来自中文世界的读者来讲，根本就没有对之“不偏不倚”的余地，更不要说再去“右袒”那个莫须有的“一元”了，否则就是在放弃本土文明的价值，就是在漠视当今世界的异见与纷争，也就是在抹煞人文科学的空前危机。——应当看到，要是如此缺乏伯林所提倡的“现实感”，那么这样去付出的理论努力，与其说是在解决什么问题，还不如说是在制造更大的问题，与其说是在热烈地思考人类的未来，还不如说是在僵化地堵死人类的未来。

不过，赞赏伯林所主张的这种“多元论”，又并不意味着就要去无原则地认定，我们在“一元”和“多元”的折冲与权衡中，便会甘愿去一门心思地走向一偏。事实上，如果再上升到更高的哲学层面，那么我们便可以更清晰地看到，其实在“一元”和“多元”之间的踟蹰与缠绕，正可说是人类这种生灵的永久性宿命。也就是说，他们总是在憧憬世界的“统一性”，却又总是挣不脱生存环境的碎裂，他们总是在重新起草宇宙的“统一场论”，却又总是要面对着超出自身理解的“二律背反”。于是在这个意义上，就并不是“一元”本身有什么不好，而是误以为自己业已达到了“一元”的完满，从而把任何外部的信息都视作“杂音”，这样的思想倾向实在让人不敢苟同；而与此相应，也并不是“多元”本身有什么好处，相反，要是误以可以满足和停留于这种“多元”，从而让思想和社会陷入眼下的分裂局面，这样的想法也同样是在害人害己。

由此可见，正像我们对于“自由”与“多元”的论述一样，在“一元”与“多元”的复杂缠绕中，关键还在于把握住围绕那根轴线的互动。在我看来，如果我们把这中间“所指”的要素，代入那个“大、小空间”的理论框架，就可以在很大程度上摆脱相应的困扰，或者化解双向的难题。——具体而言，我们在一方面，可以用“大空间”来取代那个“一元”，从而既在传播学的相对意义上，认可某些相关要素的“普遍性”，却又避免了必然引起争议的“普世性”，以及由它所代表的文化霸权；因为在这样的意义上，它们无非是更靠近那个“一元”，却并不担保其本身就是那个“一元”。在另一方面，我们也可以用“小空间”来取代那个“多元”，从而又在人类学的经验层面上，守住另一些相关要素的“殊别性”；由此在这样的意义上，这种“多元”就既可以确保世界的丰富性，又不致撕裂总体人类的基本共识。

在我看来也是唯其如此，这个业已四分五裂的当代世界，才可以看到它真正可以指望的未来，正如我在以前的文章中描述过的：

> 长远来看，作为全球共同努力的目标，则需要在持续的文明对话中，经由艰苦而平等的商量与研讨，共同制订出多元一体的、全球化时代的人类通识，那通识必须建立在各民族的国学（包括西学）之上，而保证它们既相互重叠，又各有侧重，——而且，那相互重叠的核心部分，必须具有足够的确定性，以确保人类的和平共处；那各有侧重的部分，又必须具有足够的浓度，以确

保每一种宝贵文化的原生态与生命力。[1]

六

沿着如此裂变的文化态势，自然要再进入另一个吃紧的话题，那就是究竟怎么样去反思、安顿和发展自己的心灵。我们理应认识到，在这个总是要存在差异、难免发生冲突、至少也属于多声部的世界上，大家不仅不能去放纵强求一统的“洁癖”，而且要在思想习惯乃至文化趣味上，都保持对于不同声部的包涵雅量，保持对于异端思潮的“容错”能力，甚至保持对于“对话性”的渴望与欣赏。——至少也应当想到，如果仅仅是在自己的理论构造中，消弭了这些差异、隔阂与纷争，那就不单会是于事无补的，而且还会是徒增混乱的。

无巧不巧，伯林在他同贝阿塔的对话中，也曾随兴所至地谈了这一点。比如，针对着那种长期盛行于西方伦理学界的、精心设计出一些极端选择难题、用以教导人们如何判断“善恶”的道德推理，他的解答就既可以说是相当宽宏大度的，也可以说是带有厌倦甚至厌恶的；当然，这样的抵触或反感情绪，肯定不会是针对着后来的桑德尔之辈，而只会针对着他自己的同时代人——

1 刘东:“诸神与通识”,《道术与天下》，第 411 页。

比如阿伦特——所以他顺口举出的纳粹时期的那种例子，也是若有若无地含有着一丝讽刺，仿佛是冲着海德格尔当年做出的不够“道德”的判断：

我的看法是，你怎么做都是对的。道德法不是为这样的情况制定的。无论你怎么做，都不应该受到批评。你要怎么做就怎么做吧。每一个做法都是对的：自杀是对的，救人是对的，不救人是对的。在某种意义上，这超越了批评。当然，如果你是一个虔诚的基督徒，或者虔诚的犹太教教徒，你说：“我没有权利采取行动。”你情愿被杀。

你做什么，都不是错的。在那种情况中，那是纳粹的责任，不是你的责任。但是后来别人还是可能批评你。汉娜·阿伦特就曾这样。教导这些人该怎么办的做法糟得很。他们做的事是超过了我们能批评的范围的。如果你面对这样恐怖的决定，真是没有解决办法。[1]

近来又读到，这种在应急状态下“怎么都行”的说法，正好又可以得到乔纳森·海特的支持，这位作者在新近出版的《正义

1 以赛亚·伯林、贝阿塔·波兰诺夫斯卡－塞古尔斯卡：《未完的对话》，第202页。

之心》中，从心理学的角度有力地维护了道德直觉主义，从而得出了“道德推理有时候属于事后的捏造”[1]的结论，所以人们做出道德决断的大致情况是：

> 我总是极快地做出第一判断，而害怕找到与这些初始判断相悖的证据。不过，朋友们能为我们做我们自己没法做到的事情：他们可以挑战我们，给我们提供各种理由和观点，有时可以激发新的直觉，并因此有可能使我们改变主意。偶尔会出现这样的情况，当我们自己在琢磨问题时，会突然从一个全新角度看待事物或者形成一种新的观点。[2]

不过，我们又要知人论世地体会到，当伯林说出“你要怎么做就怎么做吧”的时候，他暗地参照的却不会是心理学的学理，反倒是鉴于现实生活中的悖理或无理，以及由此所带来的两难困境和悲剧性冲突，乃至仅仅基于人类的这点有限的理智，在如此尖锐的悲剧性冲突面前的无可奈何。——比如，让我们再来听听他的下面这段话，那肯定是参照了索福克勒斯笔下的典型场景：

---

1 ［美］乔纳森·海特:《正义之心》，舒明月、胡晓旭译，杭州：浙江人民出版社，2014 年，第 25 页。

2 同上引书，第 49 页。

他（莱古特科）说得很好，一个人能够选择当神父或者当兵，如果他选择其一，就不可惜其二——当然，也就没有痛苦——像他所说的：我去散步，或者不去。而当两种价值观都强烈地拉扯你，痛苦就来临，随之而来的就是悲剧（悲剧涉及的就是这样的事）。你对二者都深深忠诚，想要实现二者，它们都是你据以生活的价值观；如果二者冲突，你就不得不牺牲其中之一，除非你找到妥协的办法，这个办法不能完全满足你的愿望，但是能够防止剧烈的痛苦，总之，防止悲剧。这就是妥协的价值。[1]

可即便如此，伯林仍不愿像黑格尔当年那样，以一个更高的但是虚渺的合理性，也即虚设出用以替代"造物"的世界精神，来同时克服来自冲突双方的片面性，从而至少在理论上弥合或消解这种冲突。事实上，我在那本关于伯林的会议文集中，已经借着针对钱永祥论文的评议，摆明了自己对这个问题的态度。在我看来，他那篇文章似乎在字里行间表明，作者本着笃定的自由主义立场而认定：

1 以赛亚·伯林、贝阿塔·波兰诺夫斯卡－塞古尔斯卡：《未完的对话》，第 92 页。

围绕着"历史与个人"的上述二律背反，只是由于伯林的立场不对和论证不周所造成的。因此，正如本文后来所要演示的，仿佛只需稍微转变一下观察角度和论证步骤，如此繁难复杂甚至让人愁肠百结的问题，就可以迎刃而解。[1]

然而，我本人则更倾向于认为：

诸如此类的二律背反，根本就是千古如是的悲剧性冲突；而且，从古代希腊的索福克勒斯，直到近代德国的康德，他们在思想上的深刻性，首先就在于对这种本质性裂痕的凸显。[2]

由此，至少从我本人的角度看来——

在"个人"向"历史"展开殊死搏斗的同时，又敏感地意识到那些千古如是的二律背反，意识到它们带来深刻的挑战性，从而索性像伯林那样去和盘托出那些复

1 刘东："对于钱永祥《伯林论历史与个人》一文的评议"，《以赛亚·伯林与当代中国：自由与多元之间》，第 354 页。

2 同上。

杂的难题，这反而比似是而非地暗示已经轻易解决了这样的问题，更能显出思想家的风范。[1]

有意思的是，我们眼下又在这本对话集中，再次验证了伯林的相关思想。当贝阿塔向他询问“在您之前，有谁考虑到了这一点”的时候，显然是由于这类冲突实在是太明显了，而对它的发现也实属平淡无奇，伯林就以不欲“贪天之功”的口气，轻描淡写地把话题给打发了过去：

> 我回答不了这个问题。我不相信我是想到去说这样明显的事的第一个人，即某种终极的价值观和其他的价值观相冲突。你不能永远把慈悲和正义结合起来；你不可能享有完全的自由和完全的平等。知识是可能和快乐冲突的（我不会因为知道患了不治之症而更快乐）。对于做出细心计划的能力你不能运用自发性，等等。因此，以前肯定有人想到了这个理念——这是显然的。[2]

非但如此，伯林实则还像费尔巴哈那样，又把这种意识给

1　刘东：“对于钱永祥《伯林论历史与个人》一文的评议”，《以赛亚·伯林与当代中国：自由与多元之间》，第 356 页。

2　以赛亚·伯林、贝阿塔·波兰诺夫斯卡－塞古尔斯卡：《未完的对话》，第 118 页。

“头足颠倒”了过来，从而让它把矛头转而对准了原点。——也就是说，我们对于这类悲剧性冲突的认知，并不意味着自己理解上的不完美，正相反，只不过证明了“完美观念”本身的缺陷，或者，至少也是证明了“完美观念”本身的隔膜与虚构：

> 存在着完美理念，但是这个理念不是我们能够理解的。也许存在着另外一个世界，在那里全部的正义和慈悲是一，一切都是一，知识和快乐可以结合起来，诸如此类。但是，超过了我们的理解力。奥古斯丁相信消极的神学，这意味着我们说的关于上帝的任何的话都是虚假的，因为我们是人，我们是有限的，上帝的品格不是我们的品格；而你使用和世上的事类比之法谈论上帝的话不可能真实，因为上帝超越了这一切。我们必须说，我们不知道他是什么样的：我们信，但是我们不理解。这是唯一的出路。[1]

一旦写到了这里，如果再来对照自己以前的说法，那么，对于如何沿着“自由与多元”的轴线来理解伯林，乃至如何围绕这条轴线来展开自己的思想，我们就会获得更加灵动而切实的认识了：

1　以赛亚·伯林、贝阿塔·波兰诺夫斯卡－塞古尔斯卡：《未完的对话》，第 235 页。

> 就国际学术界的破落现状而言，也许去相信一些破碎的理论断片，倒比去相信某种严整的理论体系更好……这种对于现存理论的“为我所用”或“实用主义”的态度，至少在思想的现阶段，不会围困和捆绑住我们的头脑，相反倒可以涵容更多的思想营养。——而基于这样的前提，再来回顾以赛亚·伯林的情况，我们更会如冰释然地发现：他其实既不属于自由主义，也不属于价值多元论。——这是因为，前者的潜在症结在于，它把人生哲学落得太实太重，有可能把全人类的思想，全都收束于产生于欧洲经验的某种理论；后者的潜在症结在于，它的基本主张还显得太虚太轻，除了要求普遍的宽容之外，还未曾具体言明应去宽容的内容……[1]

当然我也不是不知道，即使自己已经发表了这样的想法，还是会有人想要接着来帮伯林的“倒忙”，不断去朝着反方向做出学术努力，替他再把思想解释得完备而成型。有趣的是，虽则他们也并不是不知道，伯林就性格和学风而言更像一只“狐狸”，可他们所受的政治哲学的专业训练，还是要把他当作“刺猬”来

1 刘东：“伯林：跨文化的狐狸”，《以赛亚·伯林与当代中国：自由与多元之间》，第160页。

处理，还是要把他的思想预设为严整的体系。他们从来就不打算转念去想到，其实我所讲的那种“破碎的”理论断片，至少在当前的这个阶段，反而比严整的理论体系更好，否则其他文明的智慧就会不得其门而入了，甚至就连本文明的心智也会变得僵化了。——所以，也正是在这样的背景下，这本对话集才更加凸显了意义，因为那中间相当关键的一点，就在于证明了伯林的所思所想，无非是一个适应环境的动态过程，而并不是一种定了型的既成制品。

实际上，在贝阿塔同伯林的谈话中，她也多次如实地，有时甚至是坦率地指出了这一点。比如她曾经说过：“我觉得您的自由概念等于一种讨论，不是一套学说，比如，像哈耶克那样的。”[1]而这随即就得到了伯林的首肯。再如她还曾说过：

> 几乎全部现代学说中的自由主义（除了您的）都追求构建某种理论，为某种自由社会提出完整的解决办法，或者蓝图。这样的自由主义不可避免地都是空想的。对于这一情况，您的自由主义的确是唯一的例外。[2]

1 以赛亚·伯林、贝阿塔·波兰诺夫斯卡－塞古尔斯卡：《未完的对话》，第155页。

2 同上引书，第100页。

而伯林对此也并无任何异议。再等到了伯林的身后，贝阿塔更在一篇引言中明确写道：

> 在这个结点（即多元论在先还是自由论在先——引者）上，我觉得混乱，尤其是我阅读拉明·贾汉贝格鲁《伯林谈话录》时发现了关于这个问题的两个论断，在连续的语句里，这两个论断很难协调。因为研读了约翰·格雷的专论，我发起攻势，决心取得最后的解决。我亲眼看到伯林考虑这个问题。对于我的纠缠不休的问，他寻找过答案；先是在我们的谈话之中，然后是在书信之中。在他接近他最后给予我的答案的过程中，他的观点一直在变化。[1]

需要心念陡转的是，我们不仅不应去无视伯林的这种“未完成性”，甚至徒增混乱地要执意替他完成“体系化”，而且也不应该去遗憾或苛责他的这种“未完成性”，反而应当去宽容，甚至在某种程度上赞赏它。在我看来，其实伯林的魅力也恰是来自这一点，也就是说，要是我们早就能够“一清如水”地看透他，那么即使这些零散的对话还有人出版，我们也不必再赶着翻译和研

1　以赛亚·伯林、贝阿塔·波兰诺夫斯卡－塞古尔斯卡:《未完的对话》，第 218 页。

读了。再说，如果不是他的工作带有如此明显的“未完成性”，那么，西方原本就拥有那么多训练有素的政治哲学家——包括我们上次请来的那些可敬的学者——也早应在他们学科内部替他完满地解决掉了。

最后还要说，所谓“起伯林而问之”的意思，还包含了一种黯然神伤的追思，也就是说，以往他那些信口道来，简直有饶舌之嫌的言谈，现在对我们来说都已是不可复得了。也正是在这个意义上，这本对话集对我们才显得弥足珍贵。而接下来，就我个人的求知愿望来说，真想知道在哈代或者别的编者手里，还有没有更多的藏品有待发掘，而如果还有的话，又到什么时候才可以让我们读到。——当然了，既已明确了伯林本人的“未完成性”，也就在逻辑上意味着，他的言谈和写作都属于一个延伸的过程。所以，要是他难免还有些没有想清楚的道理，或者还有些虽想清了却无人去问的道理，那么，只要我们在自己的头脑中想定了，也还可以继续沿着他的话题，来进行这种“接着讲”和“对着讲”。

2016 年 2 月 8 日于三亚湾 · 双台阁

进化与革命

——现代中国的思想丕变

一、德国理论话语在现代中国的突然上升，是我长期以来都在坚持寻思的问题。即使只是从表面的事态来看，在某种迄今尚且难知其详的历史语境中，这种“德国话语”的突然上升，既是跟共产主义的运动互为因果的，又整整笼罩中国的意识形态将近百年。所以，不管人们对于这种丕变的好恶如何，它在现代历史中都具有着“唯此为大”的地位。

二、不过更深一步来看，又正是“进步”概念的先行铺垫，才在现代中国的历史语境中，为这种德国理论话语的必然上升，铺垫了广泛的接受基础或思想温床。它使得类乎黑格尔—马克思的那种历史图景，即把“冲突”视作必经的“上进”之路的观念，隐隐约约地成为了在社会中先期存在的普遍共识，从而只等着某种“更高的”理论形态来予以道破。

三、再从使用语言的角度来看，这还要再追溯到一系列的语词滑移，即“天演→进化→进步→历史→伦理”。原本在英文中的“evolution”，至少在达尔文本人那里，只有适应环境而“演化”的意思，却绝无向上攀越的，即所谓“进”的意思。由此再来回顾，从一开始严复在中文世界里，就是把“evolution”翻译成了“天演”，也即“自然的演化”（natural evolution），这要比后来通行的所谓“进化”二字，要来得更加准确，也更不易产生误解。

四、就像许多令人困扰的现代汉语词汇一样，所谓“进化”一词，照例是从日语中引进的，唯因为其表面的汉字形式，很难从外观上向国人提示，这不过是个外语或外来语词汇。学过日语的同事都知道，这个词被写作“進化する”，并读作“しんかする”。再进一步上溯，则“evolution”一词最初传入日本时，也出现过种种不尽相同的对应译语，如“淳化”“化淳”“进化”“演化”等等，直到 1881 年井上哲次郎在其《哲学字汇》中，最终将“evolution”确定为了“进化”，其他的译名才不再流行于世。

五、无论如何，既然相关的语义已从“天演”滑移成了“进化”，那么，这个语词也就“打包”引进了“进”这一层意思。如果仅从科学史的角度来看，这种错误是没有什么价值的，但如果换从思想史的角度来看，这却又是意义重大和影响深远的。正因为有了这种生物的“进化”，也就反转过来，向作为某个“物种”的中国人提了醒：在自己的“落后”和“挨打”之间，存在着正相关的紧密联系。沿着这种逻辑，即使这种“挨打”从微观的角度来看，应当属于打人者所犯的错误，但如果换从宏观的大势来看，仍要属于挨打者本身的错误。

六、如果说，正是在启蒙时代的“哲学家的天城”里，在对于“上升”的普遍乐观信念里，“演化”观念难免要被理解为“进化”观念，而“进化”观念又难免要被理解为“进步”观念，那么，正是在人类社会的层面上，同时也作为生物进化的最高目的，人类立场的“进步”又必然展开为“历史”，由此也就有了节节上升意义上的“历史”，或者历史决定论意义上的“历史”。与此同时，对于这种总处在“进步”中的“历史”，人们就给出了各种各样的解释，要么是黑格尔的“理性的狡计”，要么是恩格斯的“平行四边形的合力”。

七、人们既然已在历史决定论的意义上，确认了历史自身的合法性，那么在他们看来，历史本身也就应被转化成历史主体；相反，倒是以往作为历史主体的人类，突然成了可被历史改造和利用的客体。进一步沿着上面的逻辑，历史本身也就被独断地认定为，它本身就带有绝对的、不以人们的意志为转移的正当性。正是为了这个缘故，人们转而惊奇地发现，“历史”本身竟突然变成了这样：它已经没有理由不被认作“伦理”本身了。就像黑格尔那个著名的命题所说的——“凡是合乎理性的东西都是现实的，凡是现实的东西都是合乎理性的。”

八、为了能昂奋地攀越到食物链的顶端，或者说，为了努力不被弱肉强食的规则所吞噬，人们便只能去唤起自己的努力，去加速或阻断自然的演化过程。而与此同时，他们也就理所应当地认为，这样的一种加速度或角速度，既然是认识到了和顺应了历史本身的趋势，也必然就是符合伦理道德的；而如果传统的道德对此还不能认可，那么，就干脆需要对这种道德本身也进行改造。这种渴望成为“胜利者”的逻辑，当然也可以说是“强盗”的逻辑。然而却不要忘记，所有这一切的强横野蛮，都曾经表现为实际的“历史”轨迹；而且，已经覆盖了“伦理”标准的“历史”，还给所有这一切非人的恶性，打上了“正当”或“合法”的印迹。

九、由此看来，跟史华兹当年做出的判断正好相反，并不是由于中国人从英国的沉稳，倒向了法国的急切、躁动与骚乱，才在现代中国由于这种偶然的错误，而导致了“革命话语”的兴起。相反，严复对于达尔文主义的率先译介，正说明中国对于现代世界的认识，恰恰是始自于英语世界的文献。只不过，英伦也同样属于现代世界，而且还最先缔造了这个世界，所以，在它的话语和法国话语之间，既然同属于一个现代的家族，就并没有值得如此夸大的差别。正因为这样，曾在那里盛行过的斯宾塞—达尔文的思想，也就和从那里派来的贩毒炮舰一样，都已足够让积贫积弱的中国人震惊了。

十、恰因为这样，我们就更容易从总体上意识到，那其实正是当年在欧洲流行一时的现代思潮。唯其如此，作为膨胀内压的另一种表现方式，跟斯宾塞对于生存竞争的肯定相仿，黑格尔的以内部矛盾为发展动力的哲学，才会如此地肯定社会层面的对立，以及这种对立的外部爆发形式。——正因为这样，这位德国哲学家的历史观，也是从来都肯定和颂扬战争。也正因为这样，作为青年黑格尔派的马克思，更是把斗争，特别是阶级斗争，看成人类历史进步的基本动力。

十一、我们也都知道，尽管马克思也曾嘲笑过达尔文，然而越是到了他生命的晚期，他的个人理想也就越是表现为，能像生物领域中的达尔文那样，既充满挑战、绝对刺激地带来认识上的革命，又无可否定地、简单明了地获得事业上的成功。不过，如果说穿了的话，这里发生的事实无非是，亚伯拉罕宗教的某种意识又转而促使人们，反过来利用达尔文的学说本身，创造出新型的、以“进步”历程来验明正身的，并且以“历史”名义来自我展现的“绝对”。这样一种作为造物主的“绝对”，尽管有其各种表现形式，尤其是有着黑格尔—马克思式的表现形式，而分别显现为“世界精神”和“历史合力”，但终不过是上帝观念的某种代称而已。

十二、由此就自然说到了“革命”的概念。这个语词原本有其含混之处。从语源上来讲，它一方面和“艺术”“宗教”“经济”“文化”等等一样，原本就在中文里另有一层意思；但另一方面，却又在近代被日本人拿来“拉郎配”，去跟某个西文语词进行了固定的对接，并由此而涵盖了原本不同的东西，既有中国古代“革除天命”的意思，也有西方现代“掀翻”或“颠覆”的意思。此外，即使是它所对接的“revolution”，其在西方自身的日常应用中，也随着适用范围的变化，而存在着语义上的悄悄滑移，有时候不过是指一场巨变，比如通常所讲的“绿色革命”“哥白尼革命”等等，并非特指社会政治层面的流血变革。

十三、然而历史毕竟在江河日下，这也使得“革命”的光谱在不断分解。在滚滚洪水的剧烈冲刷下，毕竟当年主张补天的张之洞，其激进程度就不如康梁的变法，而主张“君主立宪”的康有为，其激进程度又不如孙中山的共和……而由此一来，要是我们唯恐落在后边，非要去紧紧追随“革命”的话语，那么棘手的问题就随之而来了：到底要怎样才能算是“革命”呢？——是像张之洞那样吗？是像梁启超那样吗？是像孙中山那样吗？是像虚晃一枪的“新民主主义”那样吗？还是干脆像发动种族灭绝的波尔布特那样？……无论如何，革命的谱系只是相对而言的，即使你自以为已经很激进了，还是可以由于激进程度的差别，被更激进的人士判定为“反革命”。

十四、正因为这样，原本也属于新派人士的梁启超，早在1913年就看到了“革命相续”的恶果。他几乎是心怀绝望地呼吁着，有机会驾驭社会进程的人，必须要知所进退，见好就收，勒紧历史的缰绳，而不能让革命环环相扣，永无止境——

> 循此递演，必将三革四革之期日，愈拍愈急；大革小革之范围，愈推愈广。地载中国之土，只以供革命之广场。天生中国之人，只以作革命之器械。试思斯国果作何状，而斯民又作何状者？……

而这种革命相续的原理，我们以往也并不陌生，只不过是用“革命”话语来表达的，在托洛茨基那里被说成是“不断革命论”，而在“文革”期间则被说成是“继续革命论”。

十五、正是由于这样的缘故，哪里来的什么不变的“中国性”呢？毋宁说，对于中国这个庞大的非西方文明来说，它所遭遇到的最大现代困境，还不单纯表现在必须接受西方的挑战，而在于它在不断的挫折中，终究会幡然领悟这样的奥秘：“用来应战的武器必须要谋之于挑战者。”由此才出现了下述的吊诡情况：正因为有了如此严峻的天下大势，才使得中国人愿去接受严复的误读，而一旦普遍接受了严复的故意误读，那种严峻的天下大势也就更加刺目，甚至，就连中国人自己也会主动地，乃至变本加厉地，去继续加剧这样的天下大势。在这个意义上，中国人打从进入现代的门槛开始，就迅速地朝着“非中国”的方向来转化，而到了当今的世界，生活在这个国家中的人们，甚至已比任何外国人都更不像传统意义上的“中国人”了！——换句话说，在空前巨大的外来压力下，中华民族不仅是变脸，而且也变身了。

十六、只是，我们到这里却要笔锋一转，平衡地看到那个时代的中国人，尽管在过于急切的心情下，发生过一次次的理论误读，然而他们唯独未曾误读的，却正是西方冲击下的天下大势。就像韩非曾在《五蠹》中强调过“上古竞于道德，中世逐于智谋，当今争于气力”一样，他们也发现当今的这个世道，就像以往那个“春秋无义战”的时代，已经根本谈不上什么“正当性”了，所以若要跟上这种大势，就必须在由民族国家组成的狭隘格局中，通过艰苦的生存竞争，去为中华民族谋求适者的生存。在这个意义上，如果能看得更深，其实又并不是严复的《天演论》率先向中国读者揭示了这种“物竞天择”的生存环境，而是早已摆明了要进行“优胜劣汰”的生存环境，预先就为严复并不严谨的编译活动，创造出了注定会欣然接受的中国读者。

十七、即使到了今天，大多数中国人也仍在笃信“进步”观念的正当性，甚至毫不夸张地说，这种观念是要比共产主义思想本身更顽强的信念。即使我的导师李泽厚打出过“告别革命”的口号，可他在潜意识中仍是个黑格尔主义者，从来都不会质疑历史本身的进步性，所以他才在“历史和伦理的背反”中，终究要倒向属于终究会胜利的“历史”一侧。同样，如果在广大共产党员中做一次调查，问问他们更相信“革命”还是更相信“进步”，他们从心底也肯定会普遍倾向于后者。这就更加充分地揭示出，其实“进步”概念才属于底部和深层的，而附丽于其上的其他观念，尽管可以一时间闹得欢腾，却反而属于表层的、易逝的。

十八、唯其如此，这里所进行的思想史追询，才不光涉及了对于已逝历史的回顾，还更要涉及对于当代生活的探讨。一方面，人们比较容易关注到的是，中国文明在不停的战乱中已经大大凋零了。比如，卫三畏在随着佩里初次造访日本江户时，曾在书信中对于中日进行过这样的对比：

> 我觉得他们的生活并没有中国人那样舒适。他们的行动很不自由，也没有中国人那样有灵性。[1]

而令人惋惜的是，等轮到我于150年后再去造访京都时，所得到的直观印象却是正好相反。

十九、但另一方面，以往很少受到关注的是，中国人的特性本身也已在不停的革命中大大地变异了。比如，卫三畏在同一封信中又这样描写日本人：

> 不过，与中国人相比，他们有着更强的进取心和好胜心。当这两个民族都认识到与别国进行交流的重要性以后，很可能日本人会在世界上为自己谋取到更高一些

1 ［美］卫斐列：《卫三畏生平及书信：一位美国来华传教士的心路历程》，顾钧、江莉译，桂林：广西师范大学出版社，2004年，第117页。

的地位。

很有意思的是，我造访京都时，却发现虽说这方面的落差还是存在，但对比的双方却完全颠倒了过来。甚至再进一步说，如今也不光是到了日本，即使是到了欧洲乃至美国，中国人也会一下子就对比出，那里干什么都是慢吞吞的，效率低得简直难以忍受，尽管像工蜂一样去埋头工作，正属于从这地方传播出去的现代性。

二十、这就是中国人的当代性！台湾的媒体在经过对比之后，干脆把大陆学生这种相对而言的特性，充满羡慕地称作一种"狼性"。事实上，无论在其内部的惨烈争斗中，还是在其外部的强力竞争中，有关当代中国的真正谜底，也正潜藏在这种"狼性"之中。由此也就可以理解，这个刚从"文革"中苏醒过来的中国，为什么会在全球商战中快速地崛起，甚至令人瞠目地积攒起了大大过剩的、几乎可以供养几个地球的产能。

二一、而最为吊诡的还在于，一方面，中国人当然是满心以为，他们终于算是把现代化学到手了，终于开始大规模地"西方化"了，但另一方面，西方人仍然会误以为，那仍属于一种顽固的"中国化"，甚至是"中国病"的恶性大爆发。正因为这样，如果人们再从书中读到，歌德当年对中国人竟是如此描述，也只好随即就加上一条脚注，说明那只是指未受西方冲击的中国人了——

> 中国人在思想、行为和情感方面几乎和我们一样，使我们很快就感到他们是我们的同类人，只是在他们那里一切都比我们这里更明朗，更纯洁，也更合乎道德。在他们那里，一切都是可以理解的，平易近人的，没有强烈的情欲和飞腾动荡的诗兴，因此和我写的《赫尔曼与窦绿台》以及英国理查生写的小说有很多类似的地方。(《歌德谈话录》)

二二、毫无疑问，人们还可以咬紧牙关接着强辩说，既然历史已经走到了这里，那它就肯定是有充足理由的。然而，正如我在前边已经提到的，黑格尔式的历史目的论和必然律，只不过是在事后找辄和文过饰非，由此才能把人类社会的每一步变迁，哪怕是最糊里糊涂的倒退或退化，都强词夺理地说成是“螺旋式的上升”或“从胜利走向胜利”。正因为这样，这种对于历史前景的盲目乐观，根本就不能倚靠知识理性来支持，而只能归咎为一种盲目信仰。至于说到我个人，则刚好是倾向于转而认为，意识到历史发展的种种偶然，并不断去重临历史的分水岭，才是找回历史中遗失的可能性的最佳良方。由此，我的针锋相对的历史原则，就毋宁表现为“将错就错”。——也就是说，我们真正应当付诸努力的，是在无数历史闪失的基础上，生出修正历史方向的决心，从而把人类的历史进程，修正和调整到更加人性的方向。

二三、当然，如果要更进一步的话，问题还可以再继续追问下去，比如，世界上跟西方激烈相遇的文明还有很多，为什么却只有中国有了上述的表现？要想解释清楚这类的问题，就应该更深地探入这个文明的内部，看看曾经作为常态的“儒杨互补”的结构，是如何在来自西方的剧烈冲击下，沿着西方固定的话语轨道，毁灭性地炸裂开来和头足倒立。由此又可以看到，任何来自文明外部的冲击力量，不管它多么横蛮强暴，也必须经由文明内部的结构，才能如此这般地发挥出具体作用。对于这一点，我已在“失去儒学制衡的‘个人主义’”一文中，借着对于周作人案例的解剖，给出了最基本的学理分析。正因此，在本文的最后，我就仅限于再来提出，正是出于这样的缘由，当代中国朝向自身价值传统的即使只是部分的回归或靠拢，也会表现为包括它自身在内的整个世界的巨大福音。

2015 年 7 月 6 日拟于巴黎法国人文中心

2015 年 8 月 26 日修订于青岛 · 海之韵

“大空间”与“小空间”

——走出由“普世”观念带来的困境

一、晚近以来，我先是几乎脱口而出地，但此后则又是念念不忘地，提出了所谓“大空间”和“小空间”的理解框架。而开诚布公地、开宗明义地讲，这个框架的提出，首先就是为了避免以往在普世主义—特殊主义、绝对主义—相对主义之间所遇到的各种纠缠与陷阱。早在二十多年前，我就曾在“文化观的钟摆”一文中，描绘过在这两者之间的左右为难。

正是鉴于这样的困扰，我这一次毋宁从传播学的意义上，再提出一种“价值中立”的框架，希望它能从思想的出发点上就排除掉对于作为绝对观念的“普世”价值的执迷。也就是说，为了防范任何个体都只能占有的相当短暂的历史时间对于他们各自认识所产生的影响或误导，这个框架想要预先就阻止人们去坐井观天般地，只是从自己那个时代的受限眼光出发，便对某种观念进行肯定。

在这个意义上，它就是要用一把新的“奥康姆剃刀”，来切除人们那种不由自主的做法，即把自身所占有的相当有限的时空，视作通用于古往今来的普遍历史时空。这意味着，哪怕对于那些已被当代人普遍接受的价值——包括所谓的科学与民主、自由与平等——这个框架仍要预先就从方法论上指出，就算它们看似已经很接近具有“普世”的性质了，而且也确实在调节和校准着当代人的生活，但它们仍然未必就是“普世”的。

二、我所以要发出这样的思考，相当一部分原因在于，在这类“大空间”得以形成的过程中，正如米歇尔·福柯所精辟地读出的，从来都并非单纯是由话语在起作用，权力也同样在起作用，而后者或隐或现的强势存在，就难免要妨碍我们去直面赤裸裸的事实和真理。——此外，这种总是居于主导位置的、人们从小就耳濡目染的，且暗中会受到权力支撑的话语，它作为人们基本的教育背景，作为马克思所讲的那种意识形态，一般都潜伏在思想的地平线之下，也就构成了人们往往并不能反省到的、文化上的“前理解”。

比如，曾经在很长的历史阶段中，其实蒙古人和阿拉伯人，都处在这种国际大空间的核心地位；再比如，也曾经在很长的历史阶段中，亚伯拉罕宗教的各种变态形式，也都处在这种国际大空间的核心。然而，一旦时过境迁，或者一旦等到那种话语背后的权力衰落之后，其实也没多少人会继续认为，像那种确曾被普遍奉行过的价值还会具有怎样的“普世”的意义；相反，他们往往还会用“恐怖统治”或“黑暗世纪”这样的语词，来描述那个曾经“普世”过的政治空间或价值系统。

当然，这样的国际空间作为一种历史的遗产，仍是由当代的西方世界来取而代之了，而且，它对于当代人的文化心理，也仍然具有类似的覆盖作用，而且也肯定不会是毫无道理的，所以很容易使之产生一种“普世”的错觉。不过，也正因为这样，我们就必须尖锐地挑明这样的原则：从来都没有任何一个具体的文明，在人类发展的任何一个有限阶段，就有权认定自己能从“经验上升为先验，心理上升为本体，历史上升为理性”，[1] 从而是绝对或天然地具有“普世”性；即使曾几何时，它切实地居于国际大空间的核心处，甚至也曾经以自己不断重复的雄辩，暂时征得了大批群众的广泛信从，那也并不自动意味着它本身的价值，在逻辑上就注定是属于“普世性”的。

三、从“文化圈”及其传播的角度来看，任何较大的文化空间的形成，从来都是源于较小文明的相互接触，乃至边界叠加。由此可知，正如中国古代先哲早就认识到的，实际上“小大之

1 此处借用我对李泽厚老师哲思方向的概括。

辩”从来都是相对而言的。一方面，如果在其外部不存在更大的空间，一个文化空间就未必会意识到自己的“狭小”或有限；而另一方面，如果没有各个较小空间的相互叠加，也就不会在它们所共享的那个部分，基于富于生产性的文化间性，而形成较为阔大的文化空间。

比如，作为中国主体的华夏文明，是由所谓“炎黄子孙”来共同承当的，可在远古的时候，其实黄帝一族和炎帝一族，却本是你死我活的竞争对手。然则，正因为文化的接触与融合，这个华夏文明也便在文化冲突的过程中，经由原本两个较小空间的叠加而形成了。再比如，回到雅斯贝尔斯所讲的轴心时代，实则在那个至关重要的公元前5世纪，那几个差不多在同时产生的世界性文明，也都表现为经过了反复叠合的、由其内部的单元所共同支撑的、范围较为阔大的文化空间。

同样的道理：到了这个全球化的时代，文明对话之所以对我们如此重要，也如此致命，也正是因为当年的这几大轴心文明，又开始在全球范围内进行彼此的接触、叠加与组合。换句话说，大家休要只为文明间的冲撞而惊诧忧心，实则这个“世界史”只有走到了今天，才真正算是在开启“全球史”的进程。

四、但又正因为，如今再次开始接触与叠合的文明，都曾属于过去时代的轴心文明，都曾拥有既各不相同又举世公认的伟大圣哲，所以，虽说在这个全球化的起始阶段，西方世界仍自拥有强大的权力，在支撑它的看似“普世”的话语，然而，又毕竟不能只靠它的权力本身，就来覆盖这个空前广大的全球空间。果真如此的话，那就不再是基于彼此投合的相互叠加了，而只是势必要引起激烈反抗的纯然占领，或者是一种文明在全球范围的机械复制了。

必须充分意识到，只有当各个小空间中的文化主体，经由主动的诠释而认可了来自外部的价值，那些小空间才会焕发出足够的积极性，去跟外部的文明进行部分的叠合与重组，从而，那种被双方乃至多方认可的价值，才会在文化心理上真正地隶属于国际大空间。也就是说，这里所讲的空间叠合，绝对不可能是纯然机械的，或者纯粹强迫的，而只能是在积极诠释的基础上，贴合着另一小空间中的潜在倾向，而被创造性地激活起来，或者被自然而然地发明出来的。

由此综合而言，一方面，如果从大空间的角度来看，它必须仰仗来自小空间的文化动能，才能得到源源不断的发展推力；另一方面，如果从小空间的角度来看，它们也需要在对话或协商中，去跟其他文化场域进行磨合与角力，从而使它们共同支撑起的大空间，展现为充满生机与弹性的，并且能够随着环境的变迁，扩大或缩小、移位或变形、演化或调整。——实际上，所有诸如此类的变化轨迹，已经构成了以往的全部世界史，而且也势必再支撑起今后的全球性历史。

五、正是出于这个缘故，正如紧紧伴随着全球化趋势的，还有个相反的在地化的趋势一样，如今全球史过程的另一奥秘则又是，人类并不只是在一窝蜂地拥向大空间；恰恰相反，即使那种国际大空间业已形成了，那些共同叠合起它的各个文化小空间，也仍然需要予以保留、呵护乃至加强。

一个很主要的原因是，凡是传播到了更大空间中的文化内容，其具体内涵就一定会随之而被稀释，而且在这种成反比的线性关系中，那个大空间越是开阔与广大，其间的文化信息就必然会越是稀薄，乃至于稀薄到了仅仅倚靠那样的内涵，并不能支撑一个特定共同体的赓续与发展。这也就意味着，如果有一天，地球人不仅建立起了自己的国际大空间，还必须跟外星人去建立彼此的星际大空间，我们也仍然可以想象，那中间的文化信号一定会是高度抽象的，比如，我们既不可能要求外星人也来欢度我们的具有特殊文化传统的节日——如果他们也有这类文化心理需求的话——也不可能发自内心地投入到他们的节庆欢乐中去。

这样一来，我们就必须清醒地认识到，在过去和未来的生活世界中，永远都不可能只有向之归化的大空间，却并无对之认同的小空间，正如任何一个特定的个人，都永远不可能没有自己亲切的乡音，而只去讲一种由书本所规定的、冷冰冰的普通话。无论如何，在任何一种特定的小空间中，都有其无法进入也不需要进入大空间的东西，特别是它的特定的人类学之根，它的特定的历史路径依赖，它的特定的文化风俗习惯，它的特定的文字与口传传统。

正是基于这样的考虑，我才在前不久的文章中写道：

> 即使是生在这个日益全球化的时代，那种误以为自己可以不凭任何文化本根，便能游走和投机于各个文化场域之间的“国际人”，尽管可以自诩为“最超然”或“最先进”的，并且还往往会据此而轻视本国的国学，可在实际上，都不过是最没有力道和最缺乏理据的。——这样的人，除了要频频地返回本国来拾人牙慧之外，也就只能再到国外去进行有意无意地逢迎，以经过刻意掐头去尾的本土案例，去逢迎地验证那些由别人所创造的、似乎“必有一款会适合你”的“先进”理论。而由此一来，即使原本是在别家土壤中生长出来的智慧资源，一旦到了这些国际学术掮客口中，也就只能被变成唇齿之间的无根游谈了。[1]

1　刘东：“国学如何走向开放与自由”，《自由与传统》，第 11—12 页。

六、在这方面，又正像我在前边的那篇文章中所说的：

比如，就以本人生平最爱的贝多芬为例，我们一方面当然应当意识到，即使以往只被抽象理解的《第九交响乐》，仍有暗中的文化之根和宗教之根，而不能对它用人声所推向的乐曲高潮，只认定是利用了某种“高级的乐器”。但我们另一方面也应注意到，尽管这两者几乎就是前后脚完成的，而且《贝九》还肯定是挪用了《庄严弥撒》中的人声要素，但由于其宗教意味的浓淡不同，毕竟只有前者才是属于“大空间”的，而后者则只能是属于“小空间”的。——换句话说，在非西方的或非基督教的世界中，人们也许可以接受贝多芬的《第九交响乐》，却未必就可以领教他的《庄严弥撒》，因为至少在前者那里，特定宗教的意涵并不是以一种劝世口吻而道出的，而是以一种稀释的和人间的形式而表现的；甚至，人们即使在接受《贝九》的时候，也未必就是全盘接受了它的“文化之根”，而只是接受了它能跟自己的文化意识相互重叠的那个部分。[1]

1 刘东：“国学如何走向开放与自由”，《自由与传统》，第 17 页。

也正是出于这样的思路，我还曾在另外一篇文章中解释道：

> 在交互文化的全球化进程中，必须要分清哪些东西属于“文化之根”，哪些东西属于“文化之果”，从而知道哪些东西只能属于“小空间”，而哪些东西则可以属于“大空间”。也就是说，由于任何特定的具体文明，都在它的特定起源之处，有其独特而隐秘的、人类学意义上的根源，所以，在这个全球化的时代，真正能够提供给跨文化交流的，便只是从那些根底处长出来的、作为“文化之果”的东西。反之，对于那些隐秘而独特的“文化之根”，凡是居于特定文明之外的人们，充其量也只能去同情地了解，力争能够既“知其然”，也“知其所以然”，而绝不能亦步亦趋地再去学习。[1]

应当看到，在这种“文化之根”与“文化之果”的辩证关联中，其实任何一种特定的文化小空间，越是向国际大空间输送得更多，那么，在它内部的文化动能也势必就越强，或者说，它内在禀有的文化独特性也就越大。所以在这个意义上，其实文化的普遍性和殊别性，外向性和内生性，从来都是相互依赖着的，而

1 刘东：“总体攻读与对话意识”，《自由与传统》，第185—186页。

并不是相互排斥的。

七、必须马上就转而来提醒，这又绝对不会意味着，任何一种小空间便可以有固步自封、抗拒世界的理由。恰恰相反，正如我以往在北大课堂上反复申论的，在这个全球化的复杂时代，我们一方面当然应该存有“文化本根”，但另一方面却绝不应该持有“文化本位”。——必须清醒地意识到，任何一个文化小空间，尤其是在这个全球化的时代，如果完全不去跟大空间接触乃至试图叠加，那么它就相当孤僻或怪异、单薄而萎靡，就只能这般一味地顾影自怜下去，就失去了生存下去的活力和理由。

在这个意义上，我所提出的这种“大空间”与“小空间”的理解框架，恰正是要在来自双向的危险中，去小心翼翼地采取“执两用中”之道，既去避免文化失语，又去避免民族主义；既去避免文化失序，又去避免闭关锁国；既去主张文化自立，又去避免文化自大；——或者更尖锐地说，是既要去避免在全盘西化中，由于丧失自我而走向失败，也要去避免在不知变通中，由于闭目塞听而走向殊途同归的失败。

正是鉴于诸如此类的缠绕与纠结，也鉴于当时国内学界又荡回了“文化相对主义”的一极，我才在二十多年前的“文化观的钟摆”中指出：

如果我们退一步尚可以权且采取“文化相对主义”之方法框架的话，那么进一步却又完全不能满足于它。既然“万国之上犹有人类在”，我们就不能一味去把古人留下的文化母语当成不可逾越的观念障碍，竟致使这个星球上的人群永远被剖化成若干不同的物种；特别是，恰因为置身于人类一方面已经智慧到了可以倾刻间毁掉他们共乘的飞船，另一方面却仍自愚笨得不知怎样和睦共处的时代，我们就更不能把辉煌的历史传统糟蹋成沉重的思想包袱，竟致使各式各样的有色眼镜总是妨碍大家去直面对于全人类都堪称最为紧迫的问题。纵使横隔在地表上的各种文化篱笆从我们刚刚落生那天起就使每个人的精神视野都留下了先天的盲点，我们也必须自觉与这种“文化的宿命”进行不懈的抗争！[1]

八、我还多次辨析过这样的文化景观：如果让人扼腕的是，文明间的接触与重组从“短时段”的参照系来看，往往会引起冲突、摩擦与震荡，甚至会引起特定文明的衰落或衰亡，那么让人惊喜的是，只要哪个文明还命不当亡，只要它能够咬牙熬过最

1 刘东：“文化观的钟摆”，《刘东自选集》，桂林：广西师范大学出版社，1997 年，第 245 页。

初的苦痛，只要它还能在这种苦痛中汲取经验，同时也汲取来自外部世界的有益滋养，那么，它就会在历史“长时段”的参照系中，守候到自己的再次崛起与再度辉煌。

从“大空间”和“小空间”的理解框架来看，之所以只是由于观察“时段”的不同，就足以从同一个历史过程中，观看出如此迥然有别的、忧喜不同的历史景观，正是因为在冲突最剧烈的文明边际，反而最有可能产生出最为丰厚的文化叠合，甚至会因为由此叠加起来的文化高度，而崛起为未来文化空间的中心地带。

这中间的道理，也正如我以前曾经写到的：

> 历史阵痛最剧烈的时代，往往也正是历史惰性最小的时代。纵观孔子、苏格拉底、释迦牟尼和耶稣之后的全部世界史，也许再没有哪个时代的哪个民族，会像近现代中国人这样苦难深重地游离于各种既成的文化秩序之外；但也正因为这样，也就再没有谁会比他们更容易从心情上接近敞开着最大创造机会的新的“轴心时代”。[1]

九、进一步说，巴望着重新回到那个创造性的轴心时代，当

1　刘东：“回到轴心时代”，《刘东自选集》，第 4 页。

然又是为了以再创造来超越以往的轴心时代，以便为人类再次打造足以安身立命的基业。

如果真想做到这一点，就必须像我前不久所指出的，要从冯友兰当年的“从照着讲到接着讲”，再发展到“从接着讲到对着讲”——

> 一方面理所当然的是，对于任何严肃的思想者来说，无论他最初出生于哪个具体的时空，他由此所属的那个特定思想场域，尽管会向他提供出阿基里斯般的力量，却不应构成他不可克服和摆脱的宿命；恰恰相反，他倒是正要借助于从“照着讲”到“接着讲”再到“对着讲”的学术言说，借助于不断拾级而上的、足以“一览众山小”的文化间性，而不断地攀越着文明的高度，和走向思想的合题。[1]

无论如何，唯有在这种既据理力争又虚怀若谷的“对着讲”中，发展到了立足于全球场域的人类文明，才可以敞开更加辉煌的突破可能。

只不过，我最后还是要再来提醒一遍，即使当真能够在“对

1 刘东：“国学如何走向开放与自由”，《自由与传统》，第 11 页。

着讲”的基础上，从某种意义上超越了以往的轴心时代，我们也仍然只能是在相对的或有限的意义上，或曰在传播学的“价值中立”的意义上，形成了更加广大的文化空间。而既然如此，我们就仍要慎用所谓“普世”的概念，因为我们仍要充分地意识到自身生命的有限，从而谨慎地对待自家思想的局限。正如我们置身于当今的时代，已经接近于心悦诚服地，从西方接受了“自由与平等”“科学与民主”这类的观念，但笔者受到本文所提的框架的制约，仍然只会把这样的思想内容，谨慎地说成是进入了国际“大空间”的，而不是贸然把它们说成“普世性”的。

唯其如此，才可能像我前不久写到的：

> 我们在一方面，可以用“大空间”来取代那个“一元”，从而既在传播学的相对意义上，认可某些相关要素的“普遍性”，却又避免了必然引起争议的“普世性”，以及由它所代表的文化霸权；因为在这样的意义上，它们无非是更靠近那个“一元”，却并不担保其本身就是那个“一元”。在另一方面，我们也可以用“小空间”来取代那个“多元”，从而又在人类学的经验层面上，守住另一些相关要素的“殊别性”；由此在这样的意义上，这种“多元”就既可以确保世界的丰富性，

又不致于撕裂总体人类的基本共识。[1]

事实上，如果我们不能冷静甚至冷酷地认清这一点，并且始终如一地严守住这一点，那么，我们也就根本不可能基于丰厚的文化间性，而完成对于昔日那个轴心时代的超越。——另外，也只有既具备了这种充满批判精神的意识，却又并不因此便感到失望与失重、惶惑与眩晕，我们才算是把人类文明的价值基础，从而也是把自己本身的全部生命过程，奠定到了清醒的理性主义支点之上。

2016年5月2日于吴中·水哉台

1　刘东："起伯林而问之：在'自由与多元'的轴线上"，见本书第118—119页。

就这一个家园

——序“同一颗星球”丛书

这套丛书的选题，我已经默默地准备很多年了，就连眼下的这篇总序，也是早在六年前便已起草了。

无论从什么角度讲，当代中国遭遇的环境危机，都绝对是最让我长期忧心的问题，甚至还可以说，这种人与自然的尖锐矛盾，由于更涉及长时段的阴影，就比任何单纯人世的腐恶，更让我愁肠百结、夜不成寐，因为它注定会带来更为深重的，甚至就根本无法再挽回的影响。换句话说，如果政治哲学所能关心的，还主要是在一代人中间的公平问题，那么生态哲学所要关切的，则属于更加长远的代际公平问题。从这个角度看，如果偏是在我们这一代手中，只因为日益膨胀的消费物欲，就把原应递相授受、永续共享的家园，糟蹋成了永远无法修复的、连物种也已大都灭绝的环境，那么，我们还有何脸面去见列祖列宗，又让子孙后代去到哪里安身？

正因为这样，早从上世纪末开始，我就在大声疾呼这方面的“观念转变”了：

> ……作为一个鲜明而典型的案例，剥夺了起码生趣的大气污染，挥之不去地刺痛着我们：其实现代性的种种负面效应，并不是离我们还远，而是构成了身边的基本事实——不管我们是否承认，它都早已被大多数国民所体认，被陡然上升的死亡率所证实。准此，它就不可能再被轻轻放过，而必须被投以全力的警觉，就像当年全力捍卫“改革”时一样。[1]

的确，面对这铺天盖地的有毒雾霾，乃至于危如累卵的整个生态，作为长期惯于书斋生活的学者，除了去束手或搓手之外，要是觉得还能做点什么的话，也无非是去推动新一轮的阅读，以增强全体国民，首先是知识群体的环境意识，唤醒他们对于自身行为的责任伦理，激活他们对于文明规则的从头反思。正如我去年在一次会议上讲过的，几乎全世界的环境主义者，都属于人文类型的学者，而唯独中国本身的环保专家，却基本上都属于科学

1　刘东：“别以为那离我们还远”，《理论与心智》，杭州：浙江大学出版社，2015 年，第 89 页。

主义者。正由于这样，这些人总是误以为，只要能用上更先进的科技手段，就准能改变当前的被动局面，殊不知这种局面本身，就是由科技“进步”所造成的，可问题的真正解决，却要从生活方式的改变入手，而那里却谈不上什么“进步”，只有思想观念的幡然改变。

幸而，在熙熙攘攘、利来利往的红尘中，还总有几位谈得来的出版家，能跟自己结成良好的工作关系，而且我们借助于这样的合作，也已经打造过不少的丛书品牌，包括那套同样由江苏人民出版社印行的、卷帙浩繁的“海外中国研究丛书”。事实上，也正是在那个丛书中，我们已经推出了聚焦中国环境的子系列，包括那本触目惊心的《一江黑水》，也包括那本广受好评的《大象的退却》……不过，我和出版社的同事都觉得，光是这样还远远不够，还必须另做一套更加专门的丛书，来译介国际上研究环境历史与生态危机的主流著作。也就是说，正是迫在眉睫的环境与生态问题，促使我们更要去超越民族国家的疆域，以便从“全球史”的宏大视野，来看待当代中国由发展所带来的问题。

这种高瞻远瞩的“全球史”立场，足以提升起我们自己的眼光，去把地表上的每个典型的环境案例，都看成整个地球家园的有机脉动。——那不单意味着，我们可以从其他国家的环境案例中找到一些珍贵的教训与手段，还更意味着，我们跟生活在那些国家的人类，根本就是在共享着“同一个”家园，从而也就必须共同分担沉重的责任。从这个角度讲，当代中国的尖锐环境危机，就远不止是严重的中国问题，还更属于深远的世界性难题。一方面，正如我曾经指出过的：

> 那些非西方社会其实只是在受到西方冲击并且纷纷效法西方以后，其生存环境才变得如此恶劣。因此，在迄今为止的文明进程中，最不公正的历史事实之一是，原本产自某一文明内部的恶果，竟要由所有其他文明来痛苦地承受……[1]

而另一方面，也同样无可讳言的是，当代中国所造成的严重生态失衡，又转而加剧了世界性的环境危机；甚至可以说，从任何有限国度来认定的高速发展，只要再换从全球史的视野来观察，就有可能意味着整个世界的生态灾难。

正因为这样，也许只是强调“全球意识”还嫌不够，因为那样的地球表象离我们太过贴近，让大家往往会近视地看到，那个球体不过就是更新的商机，或者更加开阔的商战市场。所以，必须更上一层地提倡“星球意识”，让全人类都能从更高的视点上看到，我们都是居住在同一颗星球上的。由此一来，我们就热切

1　刘东：“别以为那离我们还远”，《理论与心智》，2015年版，第85页。

地期盼着，被选择到这套译丛里的著作，不光能增进有关自然史的丰富知识，还更能唤起对于大自然的责任感，以及拯救这个唯一家园的危机感。的确，思想意识的改变是再重要不过了，否则即使耳边充满了危急的报导，人们也仍然有可能对之充耳不闻；甚至，还有人还专门喜欢到电影院里，去欣赏刻意编造这些祸殃的灾难片，而且其中的毁灭场面越是惨不忍睹，他们就越是愿意乐呵呵地为之掏钱。——这到底是麻木还是疯狂呢？抑或是两者兼而有之？

可无论如何，从这样的"星球意识"出发，我们必须借这套书去不断提醒，全体人类还不光是在搭乘着这颗星球，而且是在驾驶着这颗星球，来到了至关重要的，或许已是最后的"十字路口"。反讽的是，人类已经强大到了让家园太过脆弱的程度，而这又会反过来使自己脆弱到了命悬一线。我们当然也有可能，由于心念一转而做出生活方式的转变，那或许就将是最后的转机与生机了。不过，我们同样也有可能——依我看或许是更加可能——不管不顾地照旧懵懵懂懂下去，沿着心理的惯性而"一条道走到黑"，一直走到人类自身的万劫不复。而无论选择了什么，我们都必须预先就意识到，在我们将要做出的历史选择中，总是凝聚着对于后世的重大责任，也就是说，只要我们继续像"击鼓传花"一般地，把手中的危机像烫手山芋一样地传递下去，那么，我们的子孙后代就有可能再无容身之地了。而在这样的意义上，在我们将要做出的历史选择中，也同样凝聚着对于整个人类的重大责任，也就是说，只要我们继续执迷与沉湎其中，现代智人（homo sapiens）这个曾因智能而骄傲的物种，到了归零之后的、重新开始的地质年代中，就完全有可能因为自身的缺乏远见，而沦为一种遥远和虚缈的传说，就像如今流传的恐龙灭绝的故事一样……

2004年，正是怀着这种挥之不去的忧患，我在受命为《世界文化报告》之“中国部分”所写的提纲中，强烈写下了“重估发展蓝图”的呼吁——

> 现在，面对由于短视的和缺乏社会蓝图的发展所带来的、同样是积重难返的问题，中国肯定已经走到了这样一个关口：必须以当年讨论“真理标准”的热情和规模，在全体公民中间展开一场有关“发展模式”的民主讨论。这场讨论理应关照到存在于人口与资源、眼前与未来、保护与发展等一系列尖锐矛盾。从而，这场讨论也理应为今后的国策制订和资源配置，提供更多的合理性与合法性支持。[1]

---

1 刘东：“中国文化与全球化”，载《中国学术》，第十九、二十合辑，北京：商务印书馆，2005年，第229页。

2014年，还是沿着这样的问题意识，我又在为“中组部专题班”上课时，继续提出了“寻找发展模式”的呼吁：

> 如果我们不能寻找到适合自己独特国情的“发展模式”，而只是在盲目追随当今这种传自西方的、对于大自然的掠夺式开发，那么，人们也许会在很近的将来就发现，这种有史以来最大规模的超高速发展，终将演变成一次波及全世界的灾难性盲动。[1]

所以无论如何，都要在对于“星球”的自觉意识中，首先把我们的胸次襟抱给提升起来。正像在面对一幅需要凝神观赏的画作那样，我们在当下这个很可能会迷失的瞬间，也必须从忙忙碌碌、浑浑噩噩的日常营生中，大大地后退一步并默默地驻足一刻，以便用更富距离感和更加陌生化的眼光，来重新回顾人类与自然的共生历史，也从头来检讨已把我们给带到了“此时此地”的文明规则。而这样的一种眼光，也就迥然不同于以往匍匐于地面的观看，它很有可能会把我们的眼界给带往太空，像那些有幸腾空而起的宇航员一样，惊喜地回望这颗被蔚蓝大海所覆盖的美

1 刘东:《再造传统：带着警觉加入全球》，第237页。

丽星球，从而对我们的家园产生新颖的宇宙意识，并且从这种宽阔的宇宙意识中，油然地升腾起对于环境的珍惜与挚爱。——是啊，正因为这种由后退一步所看到的壮阔景观，对于全体人类来说，甚至对于世上的所有物种来说，它们都必须更加学会分享与共享、珍惜与挚爱、高远与开阔；而且，不管未来文明的规则将是怎样的，它都首先必须是这样的。

我们就只有这样一个家园。——让我们救救大家共享的“同一颗星球”，救救这颗我们拥有的“唯一的星球”吧！

2010 年 8 月 29 日起草于清华园立斋

2016 年 3 月 10 改定于清华学堂

译百家书，立一家言

还记得在2003年，当我们在庆祝“海外中国研究丛书”创办十五周年的时候，我曾由衷地发表过这样的感慨：一方面，当代中国最大的麻烦之一，就是几乎什么传统都没有剩下，更没有剩下对于传统的敬畏之心；而另一方面，正因为传统的崩解和文化的失序，就更要塌下心去坚持晨钟暮鼓、黄卷青灯的日常功课。因为反过来看，任何一个接近于社会真空的时代，都恰是一个足以焕发历史主动性的时代，或者说，是一个新的传统有可能在我们手中呼之欲出的时代。

这也就意味着，不管为此要付出多少辛劳，我们都必须有耐力去“熬成”新的传统。为此，我非常欣赏这样一个比方：一个人如果顺手抄起一杯咖啡，那么，这样的场景只是告诉我们，这里有个人正想要提神；而如果他把这杯咖啡端上了两个小时，那么，这样的场景就是在告诉我们，这里有个人正苦思冥想，或者刚刚失了恋；然而，如果他能把这杯咖啡一动不动地整整端上两年，那么，这样的场景就在告诉我们，这里有一尊值得关注的“文物”！

正是出于这样的自觉，不觉间又熬到了2014年，就连在上世纪末创办的另一套丛书——“人文与社会译丛”，如今竟也有了十五年的历史，所以也已经取得了“出版品种过百”的成绩。而以这样的出版节点为标志，虽然化作汉语译著的理论书库，仍然不是特别齐备完整，还需要持续的刻苦努力，我还是兴奋地向同行们指出：“作为处于最高处的文化拱顶石之一，西方的学术文化从未像今天这样，竟是如此清晰、全景而辉煌地崭露给我们了！”

由此也就不在话下，眼下正是最好的“读书时节”！正因为有这些书铺垫的底气，我才在晚近的一次访谈中提出，应当更全面地获得西方的“知识地图”。甚至，为了纪念这个“出版百种”的知识节点，我还专为清华同学们设计了一种课程，想要引领他们从柏克和阿隆，读到阿伦特和伯林，再读到桑德尔、泰勒和沃尔泽，再读到斯特劳斯和沃格林……以便在大家的头脑中，去尽量完备地复制西方思想的原生态，既让这些思想者都能彼此制衡和解毒，也让他们都能相互激发和烘托。——这就是我所理解的“总体性攻读”，或者“总攻性对话”。

事实上，就自己长期的工作习惯而言，也不是头一次进行这种“串讲”了。记得以前在北大任教的时候，我也曾多次开过汉学的课程，而它所利用的主要参考著作，也是来自我的“海外中国研究丛书”。这样的一种工作习惯，既是来自不可遏制的求知欲，总是想要把本人的阅读范围，尽量向未知的领域扩展，也是出自治学方法的谨慎，只要还没有把握住相关书目，就不敢到课堂上来“误人子弟”。——如果天假以年，我还会在其他新兴知识领域，比如已经着手进行的“艺术社会学”方面，继续进行这种“攻坚”的工作。

为了这一点，就要特别感谢长年合作的出版社。知识生产的文化领域，从来都是个有机的系统，少了任何环节都无法良性循环。更不要说，我还反复讲过这样一个判断：如果说在20世纪80年代，是教育界比出版界更领先，帮助它创办了很多影响深远的丛书，那么到了90年代之后，由于毕竟更靠近灵活的市场，则是出版社比教育界更领先。为此，我们只好被迫养成了这样的习惯：不是先在课堂上试讲某种新的内容，再以大学的研究室为圆心，让新的观念如涟漪般扩散开来，而是先在出版社推动一个计划，让相关图书如方阵般纷至沓来，簇拥到大学周围的书店，并逐渐形成社会思潮的热点，再拿到课堂上水到渠成地推广它……因此，如果90年代以来的中国学术并没有远离世界的潮流，反而跟它的差距越来越小，那么我们的出版界绝对是功不可没。

以这样的工作节奏，又活到了这个年龄段，肯定会是一生中最吃劲的，因为你以一身竟要兼做“运动员”“教练员”“裁判”

和“领队”。不过，如此地“发愤忘食”，也会有“乐以忘忧”之感，正如我以往乐呵呵地写到的：

> 幸赖出版界朋友的接力与后援，使我终于活到了这样的境界：不光是私下里热爱这些图书，而且每当读书读到兴头上，就忍不住要把它推荐给出版家，以便邀约广大读者一道来读！而等到出版界在某个学术方向上积攒够了，我甚至还可以再进一步：专门为此设计一种课程，组织我们北大的学生来集中研读。呵呵——从这种图书到那种图书，从这种阅读到那种阅读……这就差可算作自己乐此不疲的生命写照了。

不过，这种在“阅读—编辑—教学”间的循环，毕竟又不属于我一个人，而属于公益性的文化事业。有意思的是，如果在撰写丛书总序的时候，我还只是表达了一种憧憬，那么到十五年后再来回顾，则发现它已相当程度地变为现实：

> 该工程却决非寻常意义上的“纯学术”。此中辩谈的话题和学理，将会贴近我们的伦常日用，渗入我们的表象世界，改铸我们的公民文化，根本不容任何学院人垄断。

事实上，不光是一般的学术青年，在他们表达思考的文字中，会开口闭口地涉及这套书，就连不少职位很高的干部，也会兴冲冲地指着书架说，在我家里已有这一本，又有那一本……

人们常常会说，教育家开给社会的药方，必然是“七年病求三年之艾”的“缓药”。人们也常常会说，“这几十年”读书的界限，终会是“后几十年”行动的界限。在这个意义上，如果再考虑到这套书的内容，乃是在追究与反思当今社会的基础，那么，我们就有理由去乐观地遥想，尽管眼前还患有这样那样的病症，但这套丛书中的“缓药”终究会起效的，因为我们从它的广泛阅读量，会再次想起其“总序”中的那句话——

> 也许再没有哪个时代，会有这么多书生想要焕发制度智慧，这既凸显了文明的深层危机，又表达了超越的不竭潜力。

这种源源而来的超越潜力，不仅会落实在外部世界，也同样会积淀在内部世界。换句话说，在借鉴当今世界最优秀的头脑来探讨这个社会所赖以建立的基础时，我们也同样在借助这些最重要的著作来提升自己提出和解决问题的思考力。在这个意义上，这些力量强大的交谈对手绝不是你输我赢的敌手，而是帮助我们强身健体的教练；而这些扎实厚重的学术著作也绝非“过了河”

便可以拆掉的便桥，而是帮助我们向上攀登的阶梯，——也就是说，如果想要更好地来思考当代社会，我们当然有可能去“越过”它们，但绝不可能简单地“绕过”它们。

可即使这样，我们还是要记住孟子的话：“尽信书，不如无书。”毕竟，任何一种具体的社会或文化理论，都只能是某一具体文明的特定“语法”。正因为这样，一旦把某种“语法”抽离了它的语境，那么，尽管它在别的语境中也会有所启发，但终究还会多少显得“水土不服”。即使我们能把所有的欧洲理论全都不辞辛苦地翻译过来，并且还全都心领神会地读通，我们也不可回避，那不过是对于欧洲历史经验的、带有欧洲思维特点的总结；所以，还是有可能跟它移植到的那个经验世界，显现出若隐若现却影响深重的脱节。

正因此，就像我反复向同行呼吁的那样，我们这代人最终能否“得救”，还在于能否完成“理论创新”。不过实在说来，虽说生活在任何年代的学人，都终究要去“立一家言”，可生活在当今中国的学人，其肩负的使命却更加艰难。这是因为，如果在正常的文化氛围下，一位选定了学术生涯的人，只要能够“读百家书，成一家言”，那已算是大功告成了，可我们却是从文化的废墟走来，原有的学术脉络多已断绝，想要简单去继承已不可能，只能一边阅读自家的古书，建立起文化的“主体性”，一边翻译舶来的洋书，建立起跟世界的“对话性”，此间的难度不知要大多少倍。

正因此，我曾把我们所肩负的文化使命，概括成“译百家书，成一家言”。换句话说，这是要把“从鸠摩罗什到王阳明”的千年历程，压缩到短短一代人中去完成。然而，不管这样的使命多么艰难，它对我们还显得特别紧迫，因为只要不能完成这个使命，就无法思想出“中国文化的现代形态”，我们也就终会有负于自己的时代。在这个意义上，就算从 1980 年代一路坚持下来，已经大体完成了“译百家书”的任务，我们面对着“立一家言”的任务，也决不可以居功自傲，决不可以有一日之懈怠！

2014 年 11 月 22 日于清华学堂

中国的皇族艺术家
——一个社会学的解释

一、我的这项或许有点异想天开的研究，主要是想要通过一个案例来窥测：到底需要什么样的社会条件，才更有助于激发出艺术天才？

二、先从豪泽尔的一段叙述说起，以免人们会沿着心理惯性去误以为，艺术的天才从来都是天造地设的，从而对于天才的承认也从来都是天经地义的：

> 古希腊不仅没有现代意义上的天才观，当时的作家和艺术家也没有什么“天才特征”。在他们身上，艺术的理性特征和技艺特征要比非理性特征和灵感特征更加明显。虽然柏拉图的迷狂说强调诗人创作要靠神授而非技艺，但这一思想并未使诗人的形象得以美化，而只是

拉大了诗人和他的作品之间的距离，把诗人变成了贯彻神的意图的纯粹工具。和这种观念相反，现代天才观的本质在于把艺术家和他的作品视为一体，在于即便承认二者之间存在距离也要把天才置于作品之上，也认为天才不可能通过作品得到充分体现。在我们看来，天才是孤独的，是无法充分表达自己的思想的，天才都具有悲剧特征。古典时期的希腊人不仅没有这一想法，他们也不了解现代艺术家的另一个特征：不为同时代的人所理解，所以只能绝望地向遥远的后世发出呼吁；至少在欧里庇得斯之前，见不到任何这些特征。[1]

三、可无论如何，到了近代西方美学，基于康德《判断力批判》中的天才论，便认定艺术天才是天马行空独往独来的了，而且还会吊诡地说天才的唯一规则，就是根本没有什么规则，因为所谓天才的意思，正在于能够突破和创造规则。在电影《莫扎特传》的最后阶段，萨列瑞先是听不懂莫扎特的意思，尔后又突然在满头大汗中，恍然领悟到了其中的妙处，正是对于这种理解的精妙演绎。正因为这样，如这部电影所示，以往在人们的通行理

1 ［匈牙利］阿诺尔德·豪泽尔：《艺术社会史》，黄燎宇译，北京：商务印书馆，2015年，第55—56页。

解中，由芸芸众生所组成的社会，就只能是被动地接受，甚至是消极地磨损天才。

不过，如果换从艺术社会学的角度，社会就并非只是天才的受体，或者天才的坟墓了，尽管它也往往的确如此；相反，由我们这些成员所组成的社会——或者说社会互动、人际关系、主观间性、文化场域——也可能是天才迸发的触媒，或者天才产生的摇床。

四、也许有点匪夷所思的是，这样的一种积极关系，如果通过回顾中国的皇族艺术家，并去体会其中的一些奥秘，或许就能看得稍许清晰一些。

我刚刚在巴黎这座城市生活了一个月，又饱览了不少装满艺术品的旧时宫殿。显而易见，那边的皇家也对艺术充满了由衷的热爱。只不过，如果转念想想，他们对此却并不亲力亲为，而只是在消极地享受或消费艺术，——那还可以被说成是主要的皇家特权，而且由此也就给艺术打上了皇家特有的烙印，不管那烙印是积极还是消极。

相对而言，中国的皇族在整部世界文明史中，就其对于艺术的积极参与而言，或许就要属于罕见的例外了。——这中间的成因比较复杂，既是因为典型的中国艺术活动本身，并非表现为艰苦的劳作，反而表现为对于身心的取悦，也是因为典型的中国艺术活动，又不像别的文明那样，主要是属于出身低下的工匠们，反而属于高雅的士大夫阶层。即使仅就这一点而言，也已属于标准的艺术社会学问题了。

五、在西方的传统理解中，皇族还表现为一种高贵的血统，由此在那边的戏剧舞台上，特别是在芭蕾舞剧的舞台上，王子的身影就总是显得那么高贵，甚至这个“高贵”本身，就可以被命名为“王子范儿”，足以从气质上被一眼辨认出来。

然而在中国这边，尤其是魏晋时期以后，却由于不断的王朝更替、社会流动，乃至风水轮转、沧海桑田，就越来越缺少这样的身世神话了，由此才有了刘禹锡“旧时王谢堂前燕，飞入寻常百姓家”的诗句；同样，相对而言，舞台上才更多地演绎起“才子范儿”来，即使那才子仅仅穿着贫寒的布衣。

的确，在中国文化的理解中，除了孔府享有“万世一系”的特权之外，其他的姓氏，包括当朝的真命天子，都只有大权“一朝在握”的临时性身份，以致宋代编修的《百家姓》，因为一开头就排出了“赵钱孙李”，到了后世就有点让人莫名其妙。——可是反过来说，由孔府的独特地位所象征的，却偏偏是一种文化的教养和修为，而并非生理的先天遗传。

六、不过，却另有一件事情，足以供我们去深深地寻思，那就是大概在到了魏晋以后，皇族成员也可以由此而显得卓尔不群，那就是在艺术的欣赏、热爱、占有乃至创造方面。

原本，历来都有一路所谓的帝王诗，如刘邦的《大风歌》、赵匡胤的《咏初日》、黄巢的《咏菊》，其横霸之口气向来都是无人可敌，而别人也绝不可以轻易模仿，除非是小说里喝得烂醉的宋江，但那已经是要杀头的“反诗”了。

宋江的那首诗当然不值一提，然而，至少前三首——特别是赵匡胤名下的那首——还值得我们在此回顾一下。甚至我想，当毛泽东写出“惜秦皇汉武，略输文采，唐宗宋祖，稍逊风骚”的诗句时，他也未必就没有想到下面的例证：

七、大风起兮云飞扬，
威加海内兮归故乡，
安得猛士兮守四方！
——刘邦《大风歌》

欲出未出光辣挞，
千山万山如火发。
须臾走向天上来，
逐却残星赶却月。
——赵匡胤《咏初日》

待到秋来九月八，
我花开后百花杀。
冲天香阵透长安，
满城尽带黄金甲。
——黄巢《咏菊》

八、当然，无论是“成王”还是“败寇”，以往的帝王在这个方面，终究还只属于偶一为之。由此说来，真正把艺术当作了头等大事的，甚至表现出“不爱江山爱艺术”的，应当是到了南唐的李煜之后；而此后，居然也就绵绵不绝、代不乏人了。

说到这位李后主，我想最突出的落差就表现在，他是由于更爱好艺术而非国务活动，才把好端端的江山丢给了赵匡胤，而后者对他的粗鲁回答，也是一句千古名言——“卧榻之侧，岂容他人酣睡？”

这正是所谓“秀才遇上兵”了。于是剩下来的，也就只有去吟哦“雕栏玉砌应犹在，只是朱颜改”“问君能有几多愁，恰似一江春水向东流”的份儿了。换句话说，李煜到此时已经主要是一位艺术家了，尽管也只是被迫如此。

九、本院早期的王国维教授，曾经特别推崇李煜的词，把他置于温庭筠、韦庄之上：

> 词至李后主而眼界始大，感慨遂深，遂变伶工之词而为士大夫之词。周介存置诸温、韦之下，可谓颠倒黑白矣。“自是人生长恨水长东”，“流水落花春去也，天上人间”，《金荃》、《浣花》能有此气象耶！（王国维：《人间词话》）

更有意思的是，王国维同时又认为，李后主的词也同样高明于宋徽宗：

> 后主之词，真所谓以血书者也。宋道君皇帝《燕山亭》词亦略似之。然道君不过自道身世之戚，后主则俨有释迦、基督担荷人类罪恶之意，其大小固不同矣。（王国维：《人间词话》）

前边的那种对比，似乎还只属于普通的文学史，而后边的这种对比，则已属于标准的比较文学了。只不过，这样的比较意识，在当时还难免显得初步，所以静安先生笔下的比较活动，如果照现在的标准看来，往往还缺乏坚实的可比性，由此才出现了拿后主来比附释迦和基督，又拿曹雪芹来比附叔本华的做法。

十、赵佶的那首《燕山亭·北行见杏花》，似乎并不常挂在大家嘴边，不妨再抄出来对照一下：

> 裁翦冰绡，轻叠数重，淡著燕脂匀注。新样靓妆，艳溢香融，羞杀蕊珠宫女。易得凋零，更多少无情风雨。愁苦。闲院落凄凉，几番春暮。
>
> 凭寄离恨重重，这双燕何曾，会人言语。天遥地远，万水千山，知他故宫何处？怎不思量？除梦里有时曾去。无据。和梦也、新来不做。

毫无疑问，徽宗的诗艺确是不如后主，缺乏那种“一笔写到后心”的能力。不过，徽宗却并不以填词见长，似乎也不必让他去以己之短，攻后主之长。我们要是换个角度，让后主来跟他比试一下瘦金体的书法，或者院体的花鸟画，恐怕结论就会反转过来了（见图一）。

另外，在本文语境更重要的还是，虽说曾经是富有过天下，然而赵佶却唯独珍爱艺术。甚至于，据当时的史册记载，“上在军，闻金人征求万端，至及乘舆嫔御，未尝动色，惟索三馆书画，上听之喟然”（《三朝北盟会编》）。由此可见，如果后主是“不爱江山爱艺术”，那么徽宗则更可以说是“既不爱江山，也不爱美人，而只爱艺术”。

十一、耐人寻味的是，虽然赵匡胤曾经粗鲁地说过，“卧榻之侧，岂容他人鼾睡”，然而，正因为中华文化精雅的教养，竟使得后来偏又有一位大艺术家，公然酣睡到了赵匡胤自己的龙床上，而那人正是赵家的后代——赵佶。

而更有意思的是，如果根据野史记载或者民间传说，这个赵佶又正是由李煜本人转世投胎而来的。比如，在周密的《齐东野语》上就有这样一段传说：

> 神宗幸秘书省，阅李后主像，见其人物俨雅，再三叹讶，而徽宗生。生时梦李主来谒。所以文采风流，过李主百倍。及北狩，女真用江南李主见艺祖故事。

当然在后世的史家看来，在这样的轮回传说中，也难保没有民间佛教的影响痕迹。

十二、我们还会看到，这样的“无巧不成书”，也不会被小说家放过：

> 柳色初浓，馀寒似水，纤雨如尘。一阵东风，縠纹微皱，碧波粼粼。
>
> 仙娥花月精神，奏凤管鸾箫斗新。万岁声中，九霞

杯内，长醉芳春。

这首词调寄《柳梢青》，乃故宋时一个学士所作。单表北宋太祖开基，传至第八代天子，庙号徽宗，便是神霄玉府虚净宣和羽士道君皇帝。这朝天子，乃是江南李氏后主转生。父皇神宗天子，一日在内殿看玩历代帝王图像，见李后主风神体态，有蝉脱秽浊，神游八极之表，再三赞叹。后来便梦见李后主投身入宫，遂诞生道君皇帝。少时封为端王。从小风流俊雅，无所不能。后因哥哥哲宗天子上仙，群臣扶立端王为天子。即位之后，海内乂安，朝廷无事，道君皇帝颇留意苑囿。宣和元年，遂即京城东北隅，大兴工役，凿池筑囿，号寿山银岳。命宦官梁师成董其事。又命朱勔取三吴二浙三川两广珍异花木、瑰奇竹石以进，号曰"花石纲"。竭府库之积聚，萃天下之伎巧，凡数载而始成。又号为万岁山。奇花美木，珍禽异兽，充满其中。飞楼杰观，雄伟瑰丽，不可胜言。内有玉华殿、保和殿、瑶林殿、大宁阁、天真阁、妙有阁、层峦阁、琳霄亭、骞凤垂云亭，说不尽许多景致。时许侍臣蔡京、王黼、高俅、童贯、杨戬、梁师成纵步游赏。时号"宣和六贼"。有诗为证：琼瑶错落密成林，竹桧交加尔有阴。恩许尘凡时

纵步，不知身在五云深。（冯梦龙:《醒世恒言·勘皮靴单证二郎神》）

十三、应当更深一层地看到，在这种荒诞不经的“齐东野语”背后，却隐藏着一种规律性的东西。那东西，如果依据道学家的判断，正可以说是艺术之悦乐，直可比女人之祸水，足以周期性地迷惑住后世的帝王，从而招致整个王朝的彻底覆灭，这就是所谓的“死于安乐”了。

不过，若是再换个角度看，却也不妨这么说，正是在中国文化的化育之下，一方面，是由赵匡胤把生理的基因传给了赵佶，而另一方面，又由李煜把文化的基因传给了赵佶。正因为这样，这个赵家才又有人变得不会治国了，或者说，后主终于是以艺术报复了太祖。

在某种意义上，也许可以把赵佶比作罗马皇帝尼禄，后者也同样是如此的不会治国，也同样是如此的是热爱艺术，也同样是如此由着性子胡来，甚至在被迫自杀之前，还要叹上一句——“多么伟大的艺术家要死了！”

十四、说到这个赵家的世系，近来有人写了本研究这家人体质的书，料定他们共有一系列的家族病，如脑血管疾病、恐惧症、高血压、神经衰弱症等，由此可知这个赵家所禀有的，也并不是一种特别健康的基因。[1]

不过，如果说到艺术事业本身，那么，还是从这个赵家的世系里，特别是等它从皇位上跌落下来之后，却又出现了另一位天才级的赵孟頫，据说他正是赵匡胤的第十一世孙（赵孟頫书法作品见图二）。

再接下来，就连赵孟頫之子赵奕，也有跋赵孟頫书《赤壁赋》；而赵雍也有《彰南八咏诗》；就连赵孟頫之女赵由皙，也有《与贤夫官人尺牍》；甚至，就连赵孟頫的侄子赵由儁，也有跋梁楷《右军书扇图》，真可以说是艺术世家了。

十五、再接下来，这样的情况竟还会周期性地出现。而且，其中最耐人寻味的还在于，甚至就连最粗蛮不文的朱元璋，由于中华文化确定的精雅导向，在他的那一脉世系中，也照样能涌现跟赵佶齐名的“书画皇帝”朱瞻基，甚至能涌现出像朱耷（八大山人）和朱若极（石涛）这样的后人。

在理论上，如果从艺术社会学的角度来看，就要数后边这件事的挑战性最大了，因为按照舶来的传统西方美学观念，后来这两位叔侄相称的朱先生，已经算是“天纵奇才”了，已经绝对属于“莫扎特级”的人物了（二人作品见图三、图四）。

---

1 参阅史冷歌:《宋代皇帝的疾病、医疗与政治》，石家庄：河北大学出版社，2013 年。

要是仍然死守康德的经典定义，那么像这样的顶级人物，是根本就不能被教育出来的。这位德国大哲曾经认为，教育只是针对“中才”而言的，因为“蠢材”是根本教不会的，“天才”又是根本不用教的。

十六、由此可知，还是明清之际的八大山人和苦瓜和尚，他们两人的横空出世最不容易被解释清楚，也最能对人们的理解底线构成某种挑战，所以要是弄得不好，也就最能让我们憋足了劲，干脆去突破以往的那种美学理解，——既然他们都具有石破天惊式的才华，而原本都可以被说成是“不世出”的，却居然在朱家败落以后的世系里并世地出现了。

根据后世美术史的清点，那些据说“并非衰落”的中国近代美术家，又是大抵出自石涛的画风之下，正因此，纽约大学的美术史家乔迅，才想要在这位苦瓜和尚和现代性之间，勾勒出一种隐约的关联来。[1]

那么问题就来了：同为朱氏后人的八大山人与石涛，究竟是怎样获得和展露其才华的呢？是纯粹由他们的先天条件来决定，还是基本是在后天来养成的呢？——在我看来，这样尖锐的问

1　参见乔迅：《石涛：清代中国的绘画与现代性》，邱士华等译，北京：生活·读书·新知三联书店，2010 年。

题，就撬开了以往美学理论的一个缝隙，从而为社会学对于艺术能力的解释，找到了一个很好的入口。

十七、我在前边已经两次提到了莫扎特。的确，尽管由于历史语境的不同，而采用了不同的媒介和手法，然而依照我观赏中的体会，石涛信笔画出的写意山水，在其生命的节奏和跳动的韵律上，在其既从心所欲又不逾矩上，还是相当接近于莫扎特的音乐的。无论如何，艺术才华总会找到它的宣泄出口，正如林徽因在美国的侄女林璎，尽管不再像她姑妈那样撰写诗歌或散文了，却同样会设计出高明的造型艺术来。

然而，所有的莫扎特传记都告诉我们，他那种从神童起始的天生才华，只不过是由上帝所创造的奇迹。由此，再回想一下电影《莫扎特传》的情景，也正因为在西方的普遍理解中，可以把莫扎特那种过人的才华，归结为上帝对他的独特恩宠，才产生了那部影片中的基本冲突。

正因为这样，其实这部电影的真正主人公，并不是莫扎特反而是萨列瑞，而且他与其是嫉妒这种人间的才华，还不如说是愤懑上界主宰的偏心，于是，他才会把耶稣蒙难的十字架付之一炬，而他对于莫扎特的迫害，实则也同样是在焚烧那个十字架。

十八、有意思的是，虽说此后又接过来朱家皇位的，只不过

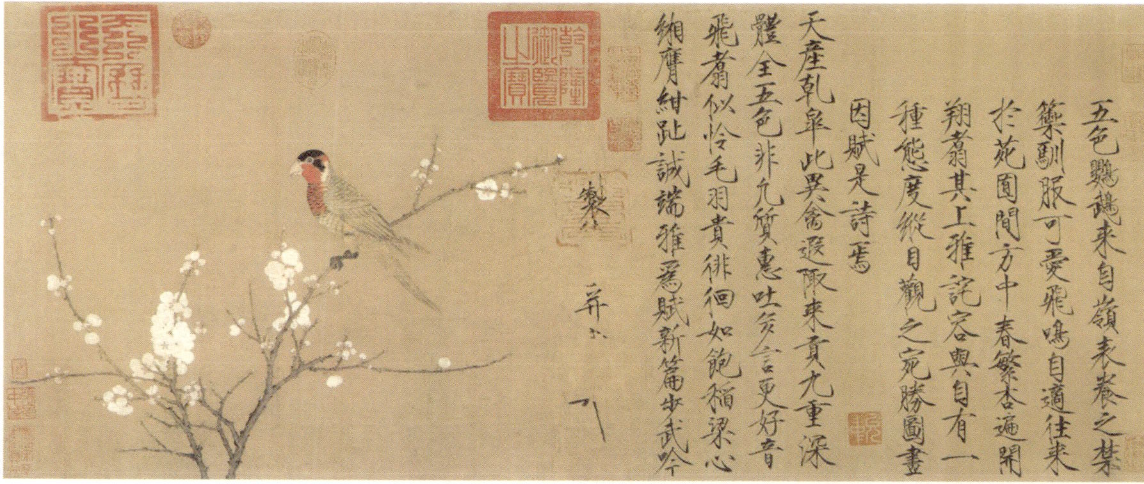

图一　宋徽宗 《五色鹦鹉图》

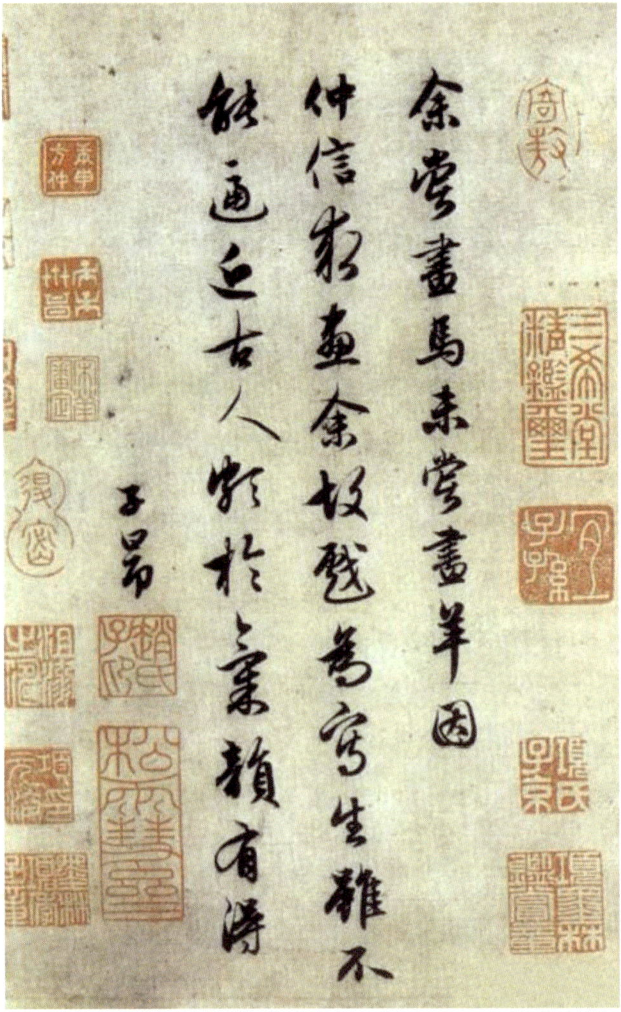

图二　赵孟頫　题《二羊图》

图三　朱耷 《枝上鸜鹆图》

图四　朱若极　菊竹图

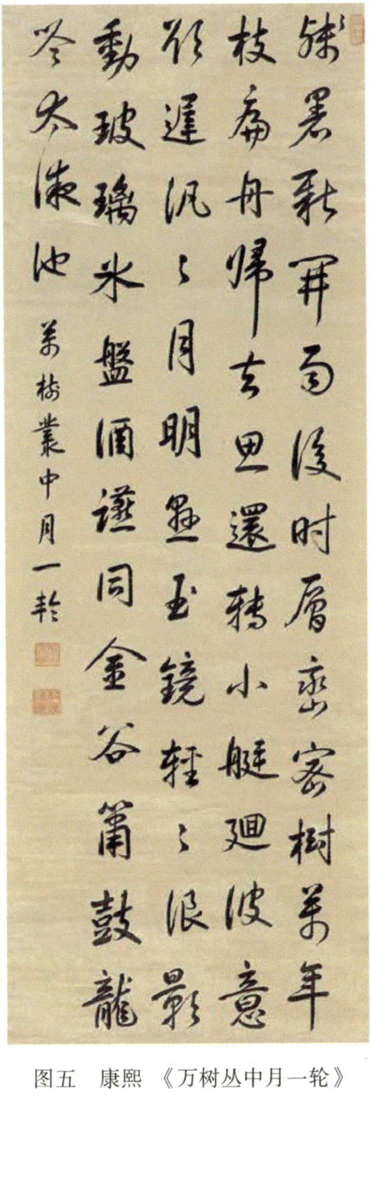

图五　康熙《万树丛中月一轮》

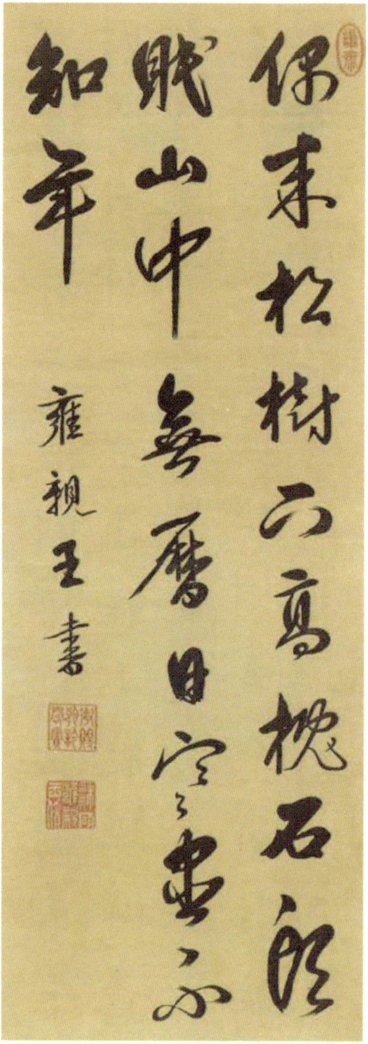

图六　雍正　五绝诗

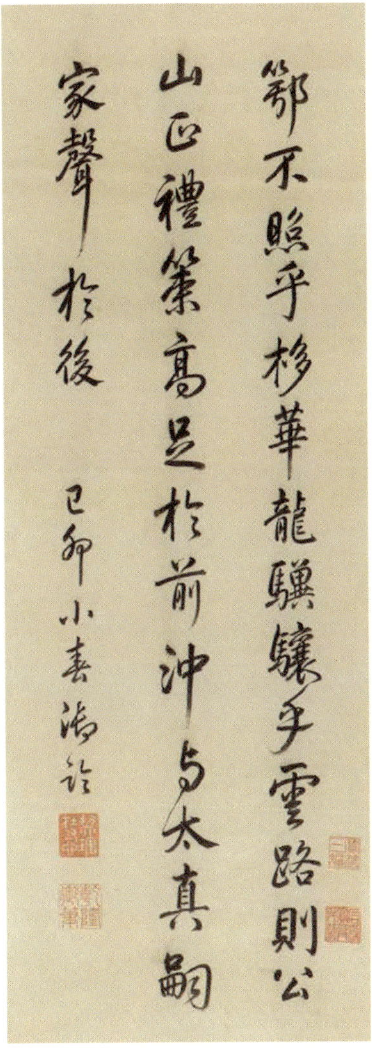

图七　乾隆　《临董其昌仿颜帖》

是在起初阶段作为外族的满族，可即使在爱新觉罗氏中间，仍然代不乏人地涌现出了大批艺术家。2015 年夏天在上海龙美术馆展出的《盛清的世界：康雍乾宫廷艺术大展》，令人信服地展示了这个家族是何等地醉心于和享受着中国的艺术世界（见图五、图六、图七）。

由此就想到近来有关“新清史”的激烈争论来了。无论如何，这种艺术的教化和吸引，其实也正是所谓“汉化”的一种形式，不管那些新一代的汉学家如何想去否定何炳棣早先的研究。实际上，这些早先属于外族的子弟，写着画着就不知不觉地，认同于一个属于更大范畴的中华民族了。

甚至，我们还可以把慈禧也都算上。前一阵子夜读《张之洞年谱长编》，我在那里隔三差五地就会发现，这位老佛爷会把自己的书法作品，作为一种恩宠赐给这位最受信任的重臣。而由这位皇太后又不免联想到，其实在以往的那些朝代中，也曾有过所谓的后妃艺术家。[1]

十九、那么，曾经身为皇族这件事，究竟能说明些什么呢？考虑到前边提到的那本研究赵家的书，我们甚至都不敢担保，身

1 参阅李惠淑：《宋代中国的后妃、艺术与作用》（*Empresses, Art, and Agency in Song Dynasty China*, University of Washington Press, 2010）。

为皇族就一定在基因上属于健全的。不过，还是可以说，由于皇族所享有的优越条件，至少这个家族的基本健康，还是可以得到相应照顾的。

只不过，如果从艺术创造的角度看，这种条件也说明不了什么，甚至，就算也有一门艺术生理学，大概也不能帮助我们解决什么问题，除非它能确凿地告诉我们，一旦厕身皇家就准会获得基因突变。

那么，这种贵为皇家的生活条件，或者更具体地说，这种由于生于皇家的优越身份，而得以充分享受优越文化条件的生存环境，究竟对于艺术能力会有怎样的滋养和开发呢？

二十、比较容易看到的是，皇族艺术家的这种密集的周期性的出现，肯定还是跟他们有资格享有精良的文化教育有关，而这本身就已经把我们的目光引向了显然是社会学更为擅长的方向。

实际上，皇族子弟在传统中国所受到的教育，这本身就是一个很值得研究的课题。比如，清华国学院曾以拥有四大导师而闻名，这让整个中国直到现在都为之羡慕，由此才会在区区七十一个早期弟子中，居然涌现了四五十位重要的学者。然而，此刻再让我们回味一下，本院的导师王国维，本院导师梁启超的导师（康有为），本院导师陈寅恪的祖父（陈宝箴），居然都曾经做过帝王师，而由此我们就可以想象，皇家子弟在那间南书房里，到底会得到怎样的文化教养。

还有一个例子就是，后来在台湾广泛开门授徒的爱新觉罗·毓鋆，正由于当年在伴读溥仪的时候曾经得到过王国维、康有为等人的教养，并且后来还曾到清华国学院来旁听，才把他经由“汉化”所得到的传统学问，传授给了很多国学家和汉学家。

二一、所以，如果和同时期的其他皇室相比，在中国的皇室里边，肯定是更多地施行了人文主义的教育，而且一般说来，循着中国圣人的理想，皇家子弟们也必须要得到全面的发展。

当然，如果考虑到对于“诗书画印”的全面要求，而且又正如高居翰所说，“中国画”乃属于“诗之旅”，那么，只会写诗作文还只属于基本功，这些人如果要成为妙手丹青的画家，则这种文化上的基本功，毕竟还要再附丽于画工才能表现出来。

那么就再接着往下说。还要看到，其实皇家的教育手段，也要包括其观摩艺术的广度，因为那时候除了皇宫以外，并没有别的艺术博物馆，而若想挖掘艺术上的潜能，也首先要有见识艺术的机会，所以，当时如果能生在帝王家，在这方面可以说是最得天独厚的了。

二二、即便到此为止，也已经就很令人羡慕了。然而，更值得我们深思的是，要是条件仅限于此的话，那显然还是远远不够的。

就算这些人文教育中间，也包括了一定程度的艺术教育，但如果仅仅靠这些堪称“正常”的教育条件，那么充其量也只能成就到明代宣德皇帝或者清代前几位皇帝那样的书法水准，或者成就乾隆那种量大于质的平庸诗作。

于是这就使我们想到，从李煜，到赵佶，到朱耷，到朱若极，他们的生命中都还另有一层特殊的体验，并由此而极度地体验到了大开大合、跌宕起伏，那对于他们的艺术成就无疑起到了至关重要的提升作用。

二三、如巴黎宫殿中金碧辉煌的装饰格调所示，一般而言，锦衣玉食的皇家对于艺术的偏好往往会使得艺术倾向于雍容华贵，甚至流光溢彩，而情感上的冲力却尚嫌不足，所以对人的点染也尚嫌不足，正如宋徽宗笔下的锦鸡，或者清高宗笔下的诗句。

所以，只有当历史的不幸发展突然把这些人从极度的养尊处优一下子扔到极度的颠沛与惊恐之中，正如李煜、赵佶、朱耷、朱若极的境遇，他们才会出于对苦痛极境的体认，而把感性世界的两端极度地拉开。这或许就是王静安要说“词至李后主而眼界始大，感慨遂深”的缘由吧？

就皇族的艺术成功而言，似乎这就是一个规律性的东西。也就是说，实则只有在皇族没落的那个节骨眼上，在天翻地覆的改朝换代之际，由于对“冰火两重天”的极度体验，他们才有可能在艺术上更加成功，要不怎么说“国家不幸诗家幸”呢？甚至，考虑到八大和石涛的那种履历，皇族对于他们恐怕也仅限于出身，我们就会发现，这种由高处跌落的苦难历程甚至比从容优裕的教养条件更加有益于艺术家们的成才。

二四、当然，如果从艺术社会学的角度来看，还要再加上一些必要的条件，比如固有的文明轨道，必须在前此的发展之中，已经准备好了相应的艺术手段，以方便作者对于内心郁结的释放。所以，我们可以再放纵一下想象，如果早前的中国文化史，也像古代西方文明那样，曾经专注于音律与和声的研究，那么，石涛也许就会是另一位用艺术来表现内心分裂的马勒了。

此外，也还需要用来发展自我的社会空间。比如，总算终究幸存下来的朱耷和朱若极，他们之所以到了天崩地解之时，不约而同地选择了出家这条路，就是因为在当世的条件下，那些占尽名山的化外净土毕竟还向他们敞开了一定的空间，尽管也只是唯一允许的空间。反过来说，如果走到了后主或者徽宗的死结，那就再不可能享有扩张生命的余地了，因为感动人的好诗写得越多，作者的死期就越要如期而至了。

另一方面，在当时那种以科举为主要进身之阶的社会，一旦改名为八大山人或苦瓜和尚，那么对于四体不勤、五谷不分的他们来说，也就堵死了通过正常手段再去向上流动的可能。也正因为这样，进入绘画的艺术市场，也许就是最好的，甚至唯一的谋生之道。相反，如果光会写诗著文就不行了，因为当时并没有供其出售的市场。

二五、再反过来看，爱新觉罗家族的溥心畬、溥雪斋和溥松窗，尽管到了清代灭亡以后，也都经历相应的地位跌落，相继成为了画家，但是，显然他们当年所“享有”的不幸，相对而言还显得过于温柔，还不足以让他们像李煜或石涛那样，充满了惊恐、冤屈和愤懑，所以，这也许反而就限制了他们的成就。

由此耐人寻味的是，尽管我们都熟悉孟子的那段话——“天将降大任于是人也，必先苦其心志，劳其筋骨，饿其体肤，空乏其身，行拂乱其所为，所以动心忍性，增益其所不能”（《孟子·告子下》），然而，也许很少有人能想到，这句话居然也能适用于艺术家！

至此，让我们再来总结一下：作为刚刚失落下来的皇族，由于曾经先是富有天下，后来却又无处容身，这种在经验上剧烈的和极限的摆幅会带来极为丰富和复杂的感性体验，像是打破了一个高度浓缩的五味瓶，而这却是在常人的境遇中不能复制的，这一点才是皇族艺术家有可能成为大器的原因。

二六、我们知道，即使在现有的艺术社会学著作中，究竟是由环境制造天才，还是反过来，由天才制造环境，西方学者围绕着对于莫扎特、贝多芬和伦勃朗、毕加索的解释，也提出了两种模式。

但无论如何，我们今天通过一个相当罕见的案例，竟然发现艺术家的出现也是留下了确凿的社会痕迹可寻的。在这个意义上，皇族艺术家在中国历史上的周期性出现，真可以说是千载难逢的案例。

这也许就告诉了我们，人类的巨大艺术潜能，其实还远远没有得到开发。所以令人兴奋的是，如果说，在伦理道德的层面上，人人皆可成为尧和舜，那么，在艺术美学的层面上，也是人人都可以成为石涛和莫扎特的。

二七、也正是皇族艺术家们的密集出现，让我们有了一种难得的特殊案例，来在这方面进行具体的条件分析。也就是说，如果能仔细研究“天才之所以成为天才”的社会机制，那么就可以得知如何去创造那种机制，从而指望着批量地催生出艺术家。

当然，如果从生活经验本身出发，那么谁也不愿让自己或自己的孩子，非要有八大或石涛的生涯，更不要说成为后主或徽宗了。不过，要是从艺术教育手段而言，类似的人文感化、情感教育和情境体验，却可以利用其他手段来仿制。比如，我先在北大、后在清华开设了悲剧课程，如果我们美院的同学也能来听课，那么，他们的情感世界就会得到大大的冲荡和开拓。

由此想到，如果也能循其道而行之，那么在我们将来的艺术学院中，其培养艺术家的成功率就会稍高一些？

二八、我曾经在外文所工作过十年，又曾经在中文系工作过十年，所以，我应当有资格出来向大家作证：为什么我们的文学事业这么不景气？那肯定也是和我们这些文学机构有关。而同样令人沮丧的是，只要跟上面的分析对照一下，就会发现当今艺术院校的学生所受到的专业教育，和他们对于职业履历的期许，其实正好跟那些皇族艺术家的经历相反。也就是说，他们往往是由于其他文化课都不大合格，才迫不得已地去选择从事艺术，而且即使在进入了艺术学院以后，也并不会真把文化课当作一回事，而满脑子都是在艺术市场上暴发的榜样，这就肯定会给他们自己的事业发展，从而也给当今中国的艺术事业本身，带来相当被动的发展障碍。

再来对比一下，倒是我们当年在“文革”的尾声，既出于精神产品的空虚，也出于对文化生活的渴求，几乎人人都想弄个乐器、写点诗歌什么的，而且当时绝对没有想到什么高考的“加分”，主要是出自真实的内心爱好，所以，后来我们建起的大学乐团，在水准和投入方面才会“空前绝后”。同时，这样的艺术爱好对于我们，也都是保留了终身和丰富了终身。

二九、可以说，正、反的经验都早已明摆在面前了。从正面来讲，我们绝对有可能去一革晚近的流弊，再转而朝着上升的方向努力，循着已被经验证明是成功的道路，去从内心深处来解放和挖掘艺术潜能，从而指望迎来艺术创造的空前高峰。当然另一方面，我们更有可能还是继续不管不顾，还是去一条道走到黑，只让日益浅薄的艺人们去迎合日益浮躁的艺术市场，直到终有一天又反过来，干脆把这个艺术市场也拖累得一穷二白。

2015 年 8 月 16 日写于清华学堂

又让任公复生一回

——序《梁启超年谱长编稿本》

一

我自受命来清华园复建这所曾经辉煌的国学院，就算跟梁启超的种种年谱结下了缘，先买来并细读了上海人民出版社的《梁启超年谱长编》，又合作推动了中华书局版的《梁任公先生年谱长编》，而到了大前年，也就是2012年，则邀来京都大学狭间直树教授来此主讲“梁启超纪念讲座”，——当然还是冲着他是日本方面研究梁启超的权威，曾在岩波书店编译出版过煌煌五卷本的《梁启超年谱长编》。

再定下神来回味，或许正是这种接续着编写年谱的传统，才算得上最为“中国化”的修史传统吧？所以，也正是跟这一点相连，自己以往才曾不断地起疑：尽管后世已把四部中的“乙部”视同于西学中的“history”，可若是严格计较起来，在前者所指的“历史”和后者所指的“历史学”之间，仍存在着十分微妙的也相当值得重视的区别。大约正因为这样，也就只有同我们共享着东亚传统的日本或韩国学者，才会与我们在年谱编写方面具有共同的语言。比如，来新夏还列举过他们在这方面的著作：

> 甚至还有外国学者为中国学者文人补撰年谱的，如日人铃木虎雄编有《沈约年谱》、《李卓吾年谱》和《吴梅村年谱》，神田喜一郎编有《顾千里年谱》和《江晋三先生年谱》，小泽文四郎编有《刘孟瞻先生年谱》等。又如朝鲜人元泳义所编《孔子实纪》四卷，也是孔子年谱的一种。[1]

更让人兴味浓厚的是，作为这类很特别的历史作品的著名传主之一，我们在此想要事无巨细地予以综述的梁启超，其本人还特地反思过年谱的应有写法。读者可以就此参观任公的《中国历史研究法补编》，他在其中先是把“专史”分为五种，即所谓“人的专史”“事的专史”“文物的专史”“地方的专史”和“断代的专史”，又在有关“人的专史”的分论中，专门把“年谱及其

1　来新夏、徐建华:《中国的年谱与家谱》，北京：中国国际广播出版社，2010 年，第 20 页。（引文中的《顾千里年谱》实应为《顾千里先生年谱》，《刘孟瞻先生年谱》实应为《仪征刘孟瞻年谱》。——编注）

作法”拎出，跟“合传及其作法”“专传及其作法”和“人表及其作法”等，并列为对于个人历史的几种叙述方法。——由此一来，我们也便可以根据梁启超的论述，来检验一下后人为他编写的年谱，是否达到了他本人所预设的要求。

这样一种相互缠绕的互文关系，又让我想起了多年前接触过的、反映在法国作家纪德笔下的“纹心结构”，正如万德化就此分析的：

> 人物之间的双重关系丰富了小说的内容，但也使得用单一方式对它进行解读变得非常困难。这个技巧创造了一本“小说中的小说”，因为纪德的小说，也就是另外一个人物（即爱德华）准备创作的小说。[1]

而有意思的是，就像笔者自己又曾说穿了的，中国读者对于这种纹心结构的，哪怕是并不很自觉的了解，则来自纪德在中国的追随者——卞之琳的那首名诗：

> 你在桥上看风景

1 ［波兰］万德化:《安德烈·纪德〈伪币制造者〉一书中的纹心结构》，北京：中央编译出版社，2007 年，第 96 页。

看风景的人在楼上看你

明月装饰了你的窗子
你装饰了别人的梦（卞之琳:《断章》）

那么，如果照梁启超本人看来，“年谱”这种土生土长的历史文体，到底有怎样的缘起或写作动机呢？——只要翻开任公的著作，就能为此找到相应的回答：

> 年谱这种著述，比较的起得很迟；最古的年谱，当推宋元丰七年吕大防做的《韩文年谱》《杜诗年谱》。做年谱的动机，是读者觉得那些文诗感触时事的地方太多，作者和社会的背景关系很切；不知时事，不明背景，冒昧去读诗文，是领会不到作者的精神的：为自己用功起见，所以做年谱来弥补这种遗憾。[1]

如果再验之以孙诒让的说法，便可知任公的说法大致不错：

1 梁启超:《中国历史研究法·中国历史研究法补编》，北京：中华书局，2014年，第258页。

> 自北宋人以陶、杜之诗，韩、柳之文，按年为谱，后贤踵作，缀辑事迹以为书者日多。于是编年之例通于纪傅，年经月纬，始末昭焯，此唐以前家史所未有也。盖名贤魁士一生从事于学问、论撰之间，其道德文章既与年俱进，而生平遭际之隆污夷险，又各随所遇而不同，非有谱以精考其年，无由得其详实。（孙诒让：“冒巢民先生年谱·序”）

不过，基于自己喜欢刨根究底的求知欲，上述说法都还不能算是特别解渴。正因为这样，尽管在一篇序文的有限篇幅内，还不能太过率性地予以展开，我在此还是想要简单列举一下，就此还可能给出怎样复杂的答案。——在我看来，“年谱”这种历史文体在中国的定型与风行，其成因至少不应少于下述几项：第一，现世主义的取向；第二，个人主体的尊重；第三，历史意识的发达；第四，就事论事的态度；第五，印刷文化的兴盛。

进一步来申说，在上述复杂的成因中间，还存在着逻辑递进的潜在关系。首先，只有在一种现世主义的文明氛围中，才会自然地导向注重当世而不是来世的文化心理，从而也才会创造出并守护着这个特定的人文世界；其次，既然这个丰富多彩的人文世界原本就是由人类主体，而不是由任何外在的神明所创化的，那么，这一个个具体人类就理应受到尊重，而且这种态度也就体现为对于接续创化活动的激励；复次，正因为既要去守护这样的人文世界，也要去尊重创化出它的具体个人，就相应产生了记述个人事迹的历史著作，而不是记述超验神迹的宗教著作；再次，正因为有了如此发达的历史意识，人们对于已然发生的事实，就倾向于抱持朴实的尊重态度，从而不光自己怀有秉笔直书的冲动，也会以同样的态度去对待前人直书的结果；最后，上述这组文化因子的潜能，一旦被种植到了两宋的土壤中，就会因当时物质文明的发达，特别是印刷技术的发达，而得到空前的激发和光大……

这就是我对于“年谱之起源”这类史学问题的，或许更富于思想家旨趣的回答。也正是本着与此相应的认识，我在前不久的文章中才会指出：

> 出于同样的心理原因，基本的史实，作为一种共通的经验，作为一种认同的基础、一种诵念的常项、一种标准的记忆，也并不需要过于别出心裁的、作为个人专利的刻意“创新”。所以，如果有人执意去做“翻案文章”，这种小知间间地要“小聪明”，绝对会被具有古风的史家们所厌弃。[1]

1 刘东：“对于往事的中国记述”，《自由与传统》，第 215 页。

读者们明鉴，我在此还是要试着指出，在中国本有的“历史”和随西风传来的“历史学”之间，仍然存在着某种微妙的、不可不察的区别，——它更强调当即记下刚刚发生的事件，而不是到了时过境迁之后，再把它们当作沙盘上的棋子，来推绎作为某种研究成果的虚拟因果关联，甚至将对于这些过往事件的出人意表的说明，当作抒发自己对于人生看法的特殊形式。

也许并非巧合，我们眼下也可以从梁启超那里，看出他对于年谱写作的类似要求来：

> 本来做历史的正则，无论那一门，都应据事直书，不必多下批评；一定要下批评，已是第二流的脚色。譬如做传，但描写这个人的真相，不下一句断语，而能令读者自然了解这个人地位或价值，那才算是史才。做传如此，做年谱也如此。真是著述名家，都应守此正则。[1]

读者们或会联想到，这正是从《春秋》那里承继的家法，而任公又据此批评道，像蔡上翔的《王荆公年谱考略》，和胡适的《章实斋先生年谱》，都未能严守住这样的家法，而过多地表达了作者的见解；——而岂不知，“固然各人有各人的见解，但我总觉

1　梁启超:《中国历史研究法 · 中国历史研究法补编》，第 273 页。

得不对，而且不是做年谱的正轨”[1]。

当然，这里又要小心地拿捏。一方面，作者的确不宜在年谱中多发议论，而要让事实本身来说话。由此可见，尽管中式的“历史”和西式的“历史学”，看似都在平铺直叙以往的事情，骨子里却还是不尽相同的，因为后者往往更强调主体的立场，否则就不能匠心独运地“释义”了，而作者本人的“史家”地位亦无从确立。在这个意义上，也许以往大家都忽略了，当克罗齐说出“一切历史都是当代史”的时候，他所意指的不过是西方的“历史学”，而非中国古人所讲的“历史”，后者早已落成为确凿的事实，只能被照原貌给直书下来。——可以再换个说法，如果后者因其初始和本源而被称作“*历史一*”的话，那么前者则因其次生和衍变而应被称作“*历史二*”。

可另一方面，既要睁大眼睛去盯住每个细节，以诚敬之心去为某位传主修部年谱，这件事本身却又不言自明地，说明了作者的潜在崇敬态度。正如梁启超本人又就此论说的：

> 我们心里总有一二古人，值得崇拜或模范的。无论是学者，文人，或政治家，他总有他的成功的原因，经过，和结果。我们想从他的遗文或记他的史籍，在凌乱

1　梁启超:《中国历史研究法 · 中国历史研究法补编》，第 274 页。

浩瀚中得亲切的了解，系统的认识，是不容易的。倘使下一番工夫替他做年谱，那么，对于他一生的环境、背景、事迹、著作、性情等可以整个的看出，毫无遗憾。从这上，又可以得深微的感动，不知不觉的发扬志气，向上努力。[1]

由此，尽管我们也都了解斯皮瓦克式的反弹，知道即使是“贱民”或芸芸众生，也都有权在历史文本中发声，不过若是依着传统中国的心情，针对一位具体的历史人物，究竟是值得写篇“本纪”还是“列传”，还是干脆就对之弃而不谈，又或者究竟是否值得为他编部“年谱”，乃至编部事无巨细的“年谱长编”，那还要取决于传主的位置与高度。

无论如何，就正面的文化意义来说，在浩如烟海的史部中，打开那林林总总的年谱，看到一个个具体而微的、活灵活现的、千人千面的人物，我们总是不可能不想到，这正说明了对于过往人物及其功业的尊重。所以，如果再从任公提到的两宋时代向上回溯，那就要再追踪到倡导“三不朽”的古老传统，从而跟着钱穆去沿着司马迁向上溯源了——

1 梁启超:《中国历史研究法 · 中国历史研究法补编》，第 281 页。

> 钱穆讨论纪传体问题如同他讨论《史记》书名时一样，并没有把目光仅仅局限在史学著作上，而是联系到先秦诸子。这是极具启发性的。由诸子而发现历史中特别看重人的事实，这就把思考引到了正确的轨道上来。因为以“人”为中心的纪传体史学著作之所以出现，一定是因为对“人”在历史上的作用有了新的认识。[1]

耐人寻味的是，如果比照着西方文化的镜像，这当然也可被说成某种中式的“传纪”。不过仍需留意的是，那些大规模的人物传记，在西方的印刷历史上，反而属于相对晚出的现代读物，它们更要迎合图书市场的需求，所以更属于大众化的商业行为。在这个意义上，倒是这种历时久远、其来有自的中国式年谱，反而并非为了取悦别人，倒首先是为了满足年谱的作者自己。——正如梁启超就此给出的判断：“异时人做的年谱真多极了。他们著书的原因，大概因景仰先哲，想彻底了解其人的身世学问，所以在千百年后做这种工作。”[2] 此外，从问题的另一面来说，同样是出于这种研究的心情，凡是看惯了年谱的方家，则情愿阅读这种处处“留白”的古老文体，而不是被想象力灌满了的、更具有文

1 胡宝国:《汉唐间史学的发展》，北京：北京大学出版社，2014 年，第 13 页。

2 梁启超:《中国历史研究法 · 中国历史研究法补编》。

学格调的现代传纪。

不过，既已说到了这里，也就应当不失平衡地指出，一旦被移植进当代的学术环境，什么种子都有可能“橘化为枳”。如果说，在政治压力过大的岁月，这种对于史料的巨细靡遗的编纂，还能帮我们留存一点历史真相，从而期许着“守先待后”的学术之功，那么，年谱这种历史文体的存在，在当今这个“佞史”压过了“良史”的年代，也有可能让史林里充满了南郭先生。“人们似乎不约而同地发现了，写史竟能提供一种非常方便的借口，来掩饰自己内心的惰怠无能，因为它相对而言更容忍述而不作的表面形式，并不苛求独立大胆的立论。”[1]——正因为这样，就有必要仍以那句“古之学者为己，今之学者为人”（《论语·宪问》）的古训，在学人中呼吁恢复古风的回归。在我看来，想要判明究竟是“橘”还是“枳”，其标准也还是相当简捷明了的，只需看作者编写年谱的初始动机，到底是在“为己”还是“为人”——因为，只要作者的动机是属于前者，他就不会停留在年谱的编写上，而只会将此当作学术的初阶；而更重要的是，只要其动机是属于前者，他就理应在对于前贤的追慕中，逐渐得到自身境界的提升，而这些都终将在他今后的治学中，自然而然地，甚至坚忍不拔地表现出来。

---

1 刘东：“‘文胜质则史’的真义：历史与现实中的佞史传统”，《道术与天下》，第163—164页。

二

后人将来恐怕都难以置信，对于梁启超年谱长编的编写，竟有一段并不比他本人生命更短的、充满了曲折起伏的故事；而且，读到后边大家还会想到，这个故事还远没有结束。——幸而，我们在中华书局的合作者俞国林，已经根据不少唯在书局内部才能读到的文献，特别是很多不为人知的信札，大致厘清了这段历史的前半部；而我在本节中的不少描述，也要仰仗他所提供的细节材料。

还要从 1929 年任公逝世时说起。在一片悲痛的气氛中，梁家的亲属故旧曾经议定了两件大事：其一，是基于 1916 年版的《饮冰室全集》，和 1926 年版的《饮冰室文集》，编出更完整的梁启超著作集，这件事交由林志钧负责；其二，则是开始准备梁启超年谱的编修，来为将来的梁启超传记铺垫材料，这件事交由丁文江负责。到了 1936 年，随着《饮冰室合集》的面世，林志钧负责的工作已告完成，足见当初之所托尚称得人。而相比之下，身为地质学家的丁文江，则由于总是无法全力投入，遂不得不通过顾颉刚等人的推荐，于 1932 年从燕大聘来刚毕业的赵丰田，协助自己来推进年谱的工作。

如此，我们便可从赵丰田的回忆中，获悉丁文江对于年谱的设计，从而方便对其中得失再进行检讨：

> ……丁文江对此已有了比较成熟的意见，向我强调了下面几个主要之点：一、梁启超生前很欣赏西人“画我象我”的名言，年谱要全面地、真实地反映谱主的面貌；二、本谱要有自己的特点，即以梁的来往信札为主，其他一般资料少用；三、采用梁在《中国历史研究补编》中讲的编辑方法，平述和纲目并用的编年体；四、用语体文先编部年谱长编。这最后一点与梁家的意见不同。梁的家属主张编年谱，并用文言文。丁文江觉得重要材料很多，先编年谱长编，既可以保存较多的材料，又可较快成书。他又是胡适的好友，很赞成胡适提倡的白话文运动，所以仍是坚持用白话文。[1]

到了1934年秋，主要在近万件往返信札的基础上，也涵括了一些其他的材料，丁、赵二人共同编出了其第一稿，总共抄成了厚厚的二十二册，计约一百万字有余，这便是任公年谱最初的初稿，可称为《梁启超年谱长编·原抄本》；而相对于后出的篇

---

1 赵丰田：“梁启超年谱长编·前言”，丁文江、赵丰田编：《梁启超年谱长编》，上海：上海人民出版社，2009年，第2页。

幅较短的"长编"，它也被人们称为"长编之长编"。至于二人分别对这部"原抄本"的具体贡献，以及此后对它的改写方案，则可从丁文江 1935 年写给舒新城的信中略窥：

> 新城先生足下：
>
> 在申晤谈，承允为《任公年谱》设法出版，至为感慰。兹就前日所谈各点，拟具办法如下：一、《年谱长编》系赵君丰田拟稿，计共为五十万字（原文如此——引者），字数过多，应详加删节，方可出版；兹拟假定年谱字数为二十万（最多二十五万），于最近期中请赵君来京，与弟会同，着手删节。二、预计删节工作，应可本年内完成。三、拟请中华书局预付版税洋八百元（六月初付一半，九月初再付一半），为钞写费用及赵君数月薪水。四、出版时期，一听中华酌定。以上各节统祈查照，赐覆为荷。此颂
>
> 大安！
>
> 弟丁文江顿首　号在君
>
> 五月二十一日[1]

1　转引自俞国林："梁任公著作在中华书局出版始末"，《饮冰室合集》（典藏版）附册，北京：中华书局，2015 年。

屈指算来，从丁文江自南京发出这封信，到他于次年初猝死于长沙，也只有短短半年的时间。在此之后，则由其友翁文灏接管此事，而赵丰田也已感到无心恋战，故只到了 1936 年的 5 月，便草草地完成了其第二稿，篇幅约有六十七万字。它被题名为《梁启超先生年谱长编初稿》，总共只油印了五十部，而每部又被装订为十二册，用以在小范围内征求意见。在这里为了区分的方便，又可把它称为《梁启超年谱长编 · 油印本》。

1936 年 11 月 5 日，陈叔通曾就此修书给梁令娴和梁思成，从中不仅可以看出上述油印本的草率处，也能由此理解这个版本何以未能面世——

> 《年谱》底本，确不满意。赵君未克负在君委属之意，后尤草率。花钱不少，可以请一位比赵君高明得多的人矣不难。弟阅第一本，当以为大致不差，愈看愈不对，始主张宰平总阅。实知张君亦不足以了此事也。弟盼速成，但亦不愿草率。

可无论如何，根据赵丰田在 1963 年的回忆，又可知编写的努力仍在继续。而为了帮读者了解发展至此的脉络，这里应把它原本引证出来：

（1）信札原件（约六千通），绝大部分为副本，馀信手稿（电稿仅此），这批资料不在台湾；发表过的文字，主要根据乙丑重编本《文集》（当时《合集》未出版）；笔记之类的材料，亦皆传抄副本；他人发表过的文章和有关事实的陈述，则分别根据其原书原文而成。以上为第一批原料，该项原料本身（主要指抄副本）已存在着一些错漏字句。

（2）根据上述各项资料编成了一套资料汇编（或称长编之长编），装定为二十二册，基本上全部按年排列，中加简单说明联系的文句。这份资料共三部，第一部系墨笔钞本（现在北京，誊写员所钞），馀二部则据第一部用晒兰纸印成者，可能台湾有一部，但估计“台本”并未据此本校订。这套资料约多于《长编》百分（之）三十上下。在誊写员钞录过程中，又出现一部分错漏字句，似较上述副本中的还多些。

（3）根据上述资料又编了一部《年谱长编》，分量约达前者十分之七。这部长编稿本是用墨笔钞成的（可称为《梁启超年谱长编·墨笔本》——引者），在这次编钞过程中，改正了一部（分）错字，可能又产生了一些错字。这部稿本可能在台湾。

（4）现在流行的油印十二本的《年谱长编》（初稿），是根据上述稿本用蜡纸刻印的，在刻印过程中，又产生许多错漏字，其数量可能较前三次更多。[1]

如果说，尽管出现了人事的突兀变故，可年谱的编写至此仍然属于正常，那么，此后则因为种种的战乱与动荡，竟使种种不同的前述稿本，分别获得了不同的命运。——更令人嗟呀的是，如果当年甫从燕大毕业的赵丰田，还只是因为师长们信手推荐，而不无偶然地参加了年谱编写，那么，这件工作竟被一再地迁延，并最终成了他毕生的沉重背负。

在此要插进来交代的是，到了1962年的12月17日，梁家长子梁思成曾托人将前边提到的"年谱长编"的原稿，送到了位于翠微路的中华书局《梁集》编辑室，并附带写来了一封便简：

王代文同志：

兹将"年谱长编"原稿送上，请查收。建议将其中

1 转引自俞国林："梁任公著作在中华书局出版始末"。

有些关于家庭琐事的信札钞录删去。乞封达丰田先生。

即颂

撰祺！

梁思成

62年12月27日[1]

这正是我们在五十多年以后，想要原样影印出来的稿本！它们是整整齐齐的二十二册，统一誊抄在印有“梁启超先生年谱稿纸”字样、如今已经发黄变脆的纸面上，——而我们借由前文中的说明，可知这正是那部所谓“长编之长编”，或曰《梁启超年谱长编·原抄本》！再从信中所谓“乞封达丰田先生”的字样，还可知若按梁思成本人的初衷，仍是要帮助赵丰田去完成年谱。可不管是由于什么原因，总归这部稿子是自此之后便安躺在中华书局的保险柜里，既很遗憾地未能被赵丰田利用上，[2]却也很侥幸地躲过了“文革”。

既然这样，读者们也就可以推知，迟至1983年才得以面世的，标明了是由丁文江、赵丰田合编的《梁启超年谱长编》，就只能基

1 转引自俞国林：“梁任公著作在中华书局出版始末”。

2 甚至，根据书局编辑向当事人的了解，还曾经发生过这样的事情：“‘文革’结束后，赵丰田派助手来京，商谈《梁任公先生年谱长编初稿》重新整理事宜，欲撇开原整理本，独立承担，重新整理，并希望中华提供‘长编之长编’‘油印本’等，李凯未允。”（转引自俞国林：“梁任公著作在中华书局出版始末”）

于此后生成的其他稿本了。而按照前引的赵丰田之回忆，可知它们分别就是《梁启超年谱长编·墨笔本》，和《梁启超年谱长编·油印本》，而两者间虽可能存在些许笔误的差别，但毕竟后者是基于前者而刻成的，所以大体上还是属于同一种东西。于是不待言，既然《梁启超年谱长编·墨笔本》据说“可能在台湾”，那么赵丰田接下来的工作，就只能再基于《梁启超年谱长编·油印本》了。

更进一步，在我们这条叙述的主线之外，还应当交代两个较小的插曲。其一，后来海峡对岸为了纪念丁文江（而不是梁启超），曾从史语所里借出了年谱油印本，仍以《梁启超先生年谱长编初稿》为题，在 1958 年由世界书局重抄出版，而丁文江的生前友好胡适，以及丁文江的四弟丁文渊，还分别为这个本子撰写过“序”或“前言”。并且，该书后来也辗转流入了大陆，或许还曾对中华书局有过促动。不过，由于它只是在重抄的过程中，修正了若干明显的错字，却又无端错排了若干字，还删改了一些不利于国民党的内容，若从版本学的角度似可忽略。

其二，接下来在中华书局的促请下，大约是从 1962 年开始，复旦大学的陈匡时即着手校补，以便重印大陆版的年谱油印本。这项工作经过了两年多的努力，至 1964 年 4 月 16 日宣告完成，并当即全数寄到了中华书局。所以，细心的读者还不可不察，这个《梁启超先生年谱长编初稿》，或曰《梁启超年谱长编·油印本》，又有个出自陈匡时之手的“复旦校注本”，它至今还躺在中华书局的书柜里，而当时只是出于下述的考虑，才未能被书局顺利印行出来：

（一）《年谱长编》中引用梁氏信札很多，这些信札，我们现在已搜求到，而陈匡时同志则是无法见到的，因而这部分的核对工作须补做。

（二）现在梁集小组搜求的梁氏信札，也有一部分是赵丰田先生编《年谱长编》时没有见到。如果我们出版这部书，以把这一部分资料补充进去为宜。（台湾本仅改正了油印本的若干显著错字，同时也错排了若干字。且有删改，尤其是不利于国民党的言论。我们补充以引所见的资料可大大超过台湾本。）

（三）赵丰田先生有自行整理这部《年谱长编》的意思，此书如果出版，似以请赵丰田先生亲自或由他委托他的助手来最后完成为宜。[1]

无论如何，赵丰田至此已属于众望所归了，而他终究也算是不负众望，赶在生命结束前献出了《梁启超年谱长编》，使大家得以在久违之后，再次亲切地了解到任公跌宕起伏、线条交织的

1 转引自俞国林："梁任公著作在中华书局出版始末"。

平生。只是，如从赵丰田于1932年受命编写它算起，到它最终于1983年由上海人民出版社出版，竟整整迁延了半世纪的时间，而编者至此也已从翩翩一少年（27岁），被拖延成了垂垂一老者（74岁），岂能不令人为之浩叹？不过即使如此，一方面，读者们自应感佩他杜鹃啼血的精神，而另一方面，这位作者到了自己生命的官子阶段，也同样要感激命运对他的眷顾。毕竟，尽管少数专家还可以记住，赵丰田又曾出版过《晚清五十年经济思想史》的论著（哈佛燕京学社，1939年），但广大读者之所以会熟悉他的名字，则主要还是因为这部梁启超年谱。由此也就不妨说，这位作者竟是几乎毕其一生，都跟任公的名字连在了一起，而梁启超生平本身的意义，也就赋予了赵丰田以相应的意义。

三

正如本文之初所述，此后围绕这部年谱的故事则是，到了2010年的5月，中华书局又曾跟本院合作，推出了《梁任公先生年谱长编（初稿）》，而为了区别起见，这个本子又可被称作“年谱新编”。它是由欧阳哲生另据一部“油印本”整理而成，并和卞僧慧的《陈寅恪先生年谱长编初稿》一起，被收入了“清华大学国学研究院四大导师年谱长编”系列。所以，如果更仔细地点算，年谱的稿本更有下述的发展和分散过程：

（1）长编之素材（原件，已佚）

（2）长编之长编（原抄本，现存中华书局）

（3）长编墨笔本（据说可能存于台湾）

（4）长编油印本（又称“初稿”，分藏于各地）

（5）复旦校注本（未刊，现存于中华书局）

（6）年谱长编（上海人民出版社）

（7）年谱新编（中华书局）

此间的复杂性表现为，尽管就一般的规律来讲，年谱这种层层累加的文体，总可能是后来居上、晚出转精的，可眼下情况却比较特殊，使得我们在埋头忙碌了许久之后，终究还是要再回过头来，面对这样一部珍贵的孤本，即作为原抄本的“长编之长编”！职是之故，自从在五年前偶然听说，这个原抄本居然有可能还存在，只是无端遗失了保险柜的钥匙，我就不断在跟俞国林商量，希望能尽快地找到它，并想个法子把它公之于众；因为根据以往的经验教训，但凡碰到这种纸质脆弱的孤本，只有尽快把它印刷出来，才能保住其中的珍贵内容！

我这种按捺不住的心情，当然还是如前文中所述，来自我对于传主本人的，通过阅读而建立的同情。最近几年间，我已经多次就任公发过笔，所以这种同情也不必再赘言。无可辩驳的是，尽管早在将近一个世纪前，这位本院早期的导师就已被说成“过时”了，然而此后，不管是在国际还是在国内，他都仍然占据着议论的中心。由此，在这部所谓“长编之长编”中，很多当年看来不重要的细节，如今却未必就不值得发表，而很多当年需要删改的地方，如今反而有可能更值得保留。即使梁思成在那个“山雨欲来”的年代，曾明确地“建议将其中有些关于家庭琐事的信札钞录删去”，但以我对于任公生平的关切，那些家常话于今读来也很有味道，它会让当年梁家的很多生活细节，都显得更加历历在目、清晰可辨，也让《梁启超和他的儿女们》之类的书籍，有了更丰富可靠的增补素材。更不消说，正因为那些发自任公的，哪怕是比较简短的信函，在此后都早已佚失了或毁弃了，这个抄本就更显出了它的价值，甚至显得弥足珍贵。

当然，我在此无意去指责前边的工作，说人们当年实在是不识货。事实上，我自己的判断也只有在今天，才能够自然而然、毫不费难地得出。这是因为，一旦随着历史语境的迁移，哪位传主在过往历史中的地位出现了相应的变化，那么，围绕他本人所修撰的年谱，无论是其内容还是其篇幅，也都会跟着发生相应的变化。在这个意义上，我们自然能够会心地理解，这部命运多变的梁启超年谱，从他谢世起就开始提出动议，到总算是找到人协助修撰，到只是为了纪念丁文江才草草付印，到在“文革”前又打消了复旦校注本，到在开放时代则公开印行了定本，到中华书局又对之重新校订，到我们现在还要再付出努力，打算公开推出这部“长编之长编”，——这一切说白了，都无非是梁启超本人不断沉浮的历史地位之缩影！

而不管怎么说，只要是有了这部“长编之长编”，毕竟就能拿来对照上海人民出版社那版的年谱，验证一下赵丰田的工作质量，看看有没有被他抄错的字句，看看他都保存、增补或删掉了哪些内容，而这些处理是否都在合理的范围。——从正面来讲，如果他的保存、删节或增补，看起来都是理由充足，我们便可从中体会到他的文心，感受到一番印证妙合之乐；从反面来说，如果他的某些删节不见得合理，我们就更要着重地记载下来，也许就找到了以前未曾被注意到、以后仍然用得着的史料。

说到这里，想起曾从俞国林整理的文件中，见到过一些耐人寻味的段落，它们虽然不是赵丰田写下的，却有助于理解他那部年谱的好处：

> 删节与否？年谱□□□天有参考价值的内容不少，但所关系张的内容也有许多，要不要删节，是会提出来的。从主要是供研究工作者参考和使用来看，我们认为还是保留年谱本来面目为宜，仅作一些技术上的改动。另外，删节的要求与界限也极难划分与掌握，弊病较多。[1]

---

1 转引自俞国林：“梁任公著作在中华书局出版始末”。“□□□”为缺失文字。

> 如果考虑删节，则年谱使用价值就会降低，研究工作者也不得不重新利用年谱油印本，进而使重印的目的也会部分的达不到，形成研究者又要交叉地使用重印本与油印本的困难。[1]

我想，凡是细读1983年版梁启超年谱的人，读到这里都将会心地微笑了，——这正是赵丰田工作的价值所在，并且也正因为这一点，使得他最终拿出来的这部年谱，肯定无愧于此中的典范之作，既充满了一定的勇敢与解放，也充满了相当的机敏与智慧。

不过，我们在前边的叙述中，也曾预留了一些存疑的伏笔，现在又要把它们再激活出来。大家肯定都还记得，丁文江为这部书特制的规则是："本谱要有自己的特点，即以梁的来往信札为主，其他一般资料少用。"不管这样的规则是否合理，它都不是作为晚辈的赵丰田能够质疑的。所以，尽管他也从原抄本中删节了一些家常书信，但他在油印本的基础上所增补的内容，也同样是一些后来发现的书信。正因为这样，看来正是受到了丁文江的约束，我们现在所能读到的这部以赵丰田为第二作者的《长编》，如果验之以对于年谱本身的文体要求，其在书信和著述之间的比

1　转引自俞国林："梁任公著作在中华书局出版始末"。

例，还是显得大大偏重或失衡了。

那么，到底为什么要只收书信呢？一般的解释是，这是出于《年谱》与《合集》的最初分工。但更有意思的是，即使对像年谱这般中国化的文本形式，那篇根据丁文江的意见所拟定的《梁任公先生年谱长编例言》，还在其第二条上赫然援引了国外的权威：

> 本书采用英人《赫胥黎传记》（*The Life and Letters of Thomas Henry Huxley*）体例，故内容方面多采原料，就中尤以信件材料为主。[1]

这就不能不令人警觉地意识到，尽管丁文江跟任公很有私交，甚至为后者写下了这样的挽词："生我者父母，知我者鲍子。在地为河岳，在天为日星。"但两人在文化观念上毕竟南辕北辙；正因为这样，也才会出现赵丰田回忆到的情况：

> 梁的家属主张编年谱，并用文言文。丁文江……又是胡适的好友，很赞成胡适提倡的白话文运动，所以仍

1 "梁任公先生年谱长编例言"，丁文江、赵丰田编：《梁启超年谱长编》，第 1 页。

是坚持用白话文。[1]

问题的关键在于，尽管无论在古代还是现代，无论在国外还是国内，书信都有重要的文献价值，比如坊间流行的《曾国藩书信》，或者《康德书信百封》，但我们又须有所留意：相比起其他类型的文字来，书信更具有私人性，谈论的范围也相对狭窄，故而参考价值也有其限度。尤其是，对于像梁启超这样一位备受瞩目的公众人物，这样一位勤于公开发表的作者，这样一位早已著作等身的学者，仅仅在年谱中辑录他的书信，就显得太过偏颇狭隘了。如果说，这样的偏颇对他那个时代的人，由于普遍对其著述都还耳熟能详，还不大会立马就显露出来，那么，由于写出书来本是要"传诸后世"的，所以再到了"恍如隔世"的后人那里，这样的年谱就很难传达传主的全貌了。此外还有一点，由于书信保存的难易程度不同、珍视与收藏的意识不同，即使在任公刚过世就征集它们，但肯定还是越到晚近就越丰富，所以如果只拿书信来充填年谱，就注定要出现"前疏后密"的问题。

更加有趣的是，正如前边已经预先提到的，如果拿着这部年谱中的问题，来对照梁启超对于"年谱作法"的要求，我们会恍然大悟地发现，原来正是任公本人，在预防着这里可能出现的偏

1 "梁任公先生年谱长编例言"，丁文江、赵丰田编:《梁启超年谱长编》，第 2 页。

差。比如，梁启超在《年谱及其作法》中写道：

> 个人是全社会的一员；个人的行动，不能离社会而独立。我们要看一个人的价值，不能不注意和他有关系的人。年谱由家谱变成，一般人做年谱，也很注意谱主的家族。家族以外，师友、生徒、亲故都不为做年谱的人所注意。这实在是一般年谱的缺点。[1]

——这不正是在指我们刚刚谈到的由于专收书信而导致的内容偏差吗？

此外，对于同时在追求“内圣”与“外王”的人，梁启超还在他的书中特别指出，一定要注意保持住必要的张力，而不要让其一侧掩盖了另一侧，以至于在无形的夸张中失真：

> 此外还有一种政治兼学问，学问兼政治的人，我们若替他做年谱，对于时事的记载，或许可以简略点，但须斟酌。譬如王阳明是一个大学者，和时事的关系也不浅。但因为他的学问的光芒太大，直把功业盖住了，所以时事较不为做他的年谱者所重。其实我们为了解他成

1　梁启超:《中国历史研究法 · 中国历史研究法补编》，第 268 页。

功的原因起见，固然不能不说明白他的学问；为了解他治学的方法起见，也不能不记清楚他的功业。因为他的学问就是从功业中得来，而他的功业也从他的学问做出，二者有相互的关系。所以他的年谱，对于当时大事和他自己做出的事业，都得斟酌著录。[1]

虽然说，如果与王阳明的情况相比，梁启超的情况是正好相反，即不是怕“内圣”遮掩了“外王”，而是怕“外王”遮掩了“内圣”，但此间的道理毕竟是相通的。所以，有了这本“长编之长编”的对照，我们才能更加确然地发现，由于严守着丁文江所制定的规则，竟然原已收进“原抄本”中的著述部分，到后来也还是被赵丰田给删去了，——不知道他为何就没有对照一下，任公曾经很明确地指出过：

本来年谱这种书，除了自传的或同时人做的以外，若在后世而想替前人做，非那人有著述遗下不可。没有著述或著述不传的人的年谱，是没有法子可做的，除非别人的著述，对于那人的事迹，记载十分详明才行。[2]

1　梁启超:《中国历史研究法·中国历史研究法补编》，第 267 页。
2　同上引书，第 261 页。

所以，在充分肯定该书长处的前提下，我们也不得不同时指出，就全书所带来的阅读效果而言，这部主要收纳了任公书信的年谱，只是突出了他作为活动家和宣传家的一面，而对他毕其一生都保持着浓厚的研究兴趣，且越到晚年就越是热衷于学术的一面，相形之下就交代得很不充分。

也正是因为这一点，由于那个不尽合理的侧重点，使得这部年谱有了相应的局限，只能对学理的部分略而不谈，使得它对身在清华国学院的我来说，尤其会显得不够充分、不够解渴。在这个意义上，当自己写出对于任公的这类判断时，其实也正是要突破有关他的那种失真形象:

> 只有充分理解到了发生在《欧游心影录》中的思想变化，才能真正看清梁启超于同步进行的生平转向。也就是说，一旦完成了这本破除外部迷信的著作，而惊喜地找回了中国文化的世界定位，梁启超就势必需要一个合适的话语场，来发表、整理和激发自己的发现，而这正是后来碰巧出现的清华国学院对他的意义。——也正是在这个意义上，梁启超到清华国学院来，就绝不是一次遁逃或一次落败，而是其生命中一次进取式的升华和

蜕变。[1]

可喜的是，如今总算看到了这部“长编之长编”，让我们得悉它在专收书信的侧重之外，毕竟还标示过另外的可能性。比如我们看到，它还收入过任公少年时代的科场文字，还收入过他在特定情景下写出的诗词，还收入过他对《时务学堂遗编》写下的批语，还收入过他那些不无戏谑的绰号如“兼士”“佞人”……可惜这些后来已被节略掉了。更不要说，它还收入过与梁启超并称“四怪”的曹箸伟的对联“我辈耐十年寒供斯民煖席，朝廷具一副泪闻天下笑声”，还收入过有关梁启超本人少年得志的对联“就贡举才十有六岁，诵诗书已廿余万言”，还收入过“亡友夏穗卿先生”一文中有关学理的讨论，甚至还写下过“中国士大夫之公开集会，实自强学会始”这样的按语，可惜这些后来也被节略掉了。——看起来，除了“只收书信”的规定之外，这些颇能显出当年士夫意气的话语，到后来恐怕都只能被判为“守旧”了？

当然在另一方面，这部原样影印的“长编之长编”，正因为它最是原汁原味的，就仍然只能带着它的原始性，从而难免显得泥沙俱下、良莠不一。所以，它无论如何都还不能算是成熟的年

---

1 刘东：“未竟的后期：《欧游心影录》之后的梁启超”，《中国学术》，第三十辑，北京：商务印书馆，2012 年，第 129 页。

谱，而只能算是提供给成熟年谱的坯胎。所以，于我而言这暂时还只是作为理想的一个计划，今后真正能令人满意的《梁启超年谱》，不仅要基于更完备的《梁启超全集》，还要基于日文的《梁启超年谱长编》，因为任公在日本的活动很多，而日本学者的工作又向称精细；甚至，还需要进而了解英文和法文的材料，因为对于梁启超的专题研究，在美国乃至法国的中国研究界也很热门。——而不消说，所有这一切“锦上添花”的底本，则仍要推这部“长编之长编”，它应当是我们再次出发的起点。

那么，究竟怎么来完成这样的计划？实际上，我对于这一点也已经有了腹稿。令人欣慰的是，清华国学院那项浩大的“院史工程”，如今已经快要进入它的尾声了，也就是说，我们在付出艰苦而持续的努力之后，已经接近完成长达五十余卷的“清华国学书系”，可以把早期院友的成就一并端给读者。那么，一旦这项工程彻底杀青，今后就可以腾出手来，就一些学术量更大的课题，专门定向地请来研究人员，让他们到这里来全力攻克难关，这中间会包括很多精彩的课题，当然也包括更优版本的《梁启超年谱长编》。

而说到这里，就又想起任公跟清华的缘分来了。这次拿《梁启超年谱长编》和“长编之长编”对读，又两次读到了他在临终前半年（1928 年 5 月 8 日），曾在书信中对远方的长女说：

我清华事到底不能摆脱，我觉得日来体子已渐复元，虽不能摆脱，亦无妨，因为我极舍不得清华研究院。[1]

心头真不禁怦然一动，觉得真该请来哪位书法家，把任公这句“我极舍不得清华研究院”，写成高挂在本院中的大字匾额。而与此同时，清华人对于梁启超老师的感情也同样溢于言表，并且经久不衰，——比如，它反映在任公于最后岁月收到的这封弟子来信中：

任师夫子大人钧鉴：自别道范，相从南来，河山虽隔，系念常殷。每度京津同学有道出沪上者，辄相与把臂促膝问津门起居。闻师座清恙大减，则粲然色喜，若闻玉体违和，则相与蹙额浩叹矣。客岁党军占领江南，南北之音问遂疏，师座因历史关系，为各方所注耳，邮电往来，常被检查，用不便径修书候，然间接因同门诸子传达状况端颂起居者，盖无时或缺焉。暑假中得刚主信，称师座近况佳善，息影著书，私心窃喜，以为稍养数月，或能全愈矣。今为时不过三月，乃报忽载病重入

1　丁文江、赵丰田编:《梁启超年谱长编》，第758页。

协和医院之说。诚然此信非虚，惟此间同门所急欲知者，即师座病为旧疾复发耶，抑新恙乍添耶？饮食行动尚能如常否？尚祈师座有以示之。师座以一身关系国家前途、文化前途，今政治方面虽较黯淡，而全国学术待师座之整理、全国学子待师座之指导者极多。即就政治方面言，初亦非全然绝望，惟暂时不得不权安缄默耳，他日春雷陡起，万象或能更苏矣。尚望师座节忧寡虑，清心静养，留得梁木，为他日用。此间同门有足为师座告者，即全体俱能安心向学，无一轻率浮动者，且社会各方皆相推重，是悉由师座囊日训诲之功也。专此敬禀，即叩钧安。（民国十七年十二月一日）[1]

发出这封“致任师夫子大人书”的，为徐中舒、程璟、杨鸿烈、方欣、陆侃如、刘纪泽、周传儒、姚名达等八人，他们后来都有很好的学术成绩，也都同样属于本院的骄傲。而值得顺便一提的是，我的学生杨朗眼神真好，发现仅只这么一封书简，等到被抄进《年谱长编》以后，便出现了三处小小的修改，如“相縱南來”被改成了“相从南来”，“全辭”被改成了“全体”，而

1 “致任师夫子大人书”，载《梁启超年谱长编·原抄本》，第22册，第3531—3533页。凡楷体处，均据丁文江、赵丰田编《梁启超年谱长编》第771页中文字订正。

“由於”则被改成了“由”。大约这种“鲁鱼豕亥”式的差别，原本是抄录者出现的差错，又由赵丰田据信件进行了矫正。

而我相信，信中所述的“聞師座清恙大減，則粲然色喜，若聞玉體違和，則相與蹙額浩歎矣”，绝不会是什么客套的虚文，而真正传达出了国学院学生的深挚情感。事实上，既然把“清华国学文存”编到这个地步，我已知道有很多梁门弟子如姚名达等等，后来都是痛感自己的导师壮志未酬，才慨然接过了学术上的接力棒，去续写其“中国文化史”计划的某一章节。——毫无疑问，梁启超确实具有如此强大的人格魅力，而且他的这种个人魅力，也正是本院早期如此成功的关键原因之一。

也正是冲着任公的这种人格魅力，我们才会在他辞世八九十年之后，仍在“编写→阅读→重编→再读”着他的种种年谱，而且即使这样都还嫌不够，还要继续来规划更完备的年谱长编。所以说，虽则是“人死不可复生”，可是这种不断为之编修年谱的过程，不正是在让他一次次地复生，而且一次比一次更生动和更丰满吗？正是在这样的意义上，我才在本文开头写下了“又让任公复生一回”的标题，因为我知道等把文章写到这里，一定会触及如此高远的话题，即正是在中华民族发达的历史意识中，其追求“三不朽”的古老传统才得以落实，使得那些值得被我们追慕的伟大人格，能在后人们一次次的历史书写中，被证明为“精神不死”和“风貌不死”。

而由此又联想到，梁启超本人在临终之前，也还在拼尽自己最后的力气，为南宋的精彩人物辛弃疾编修年谱。对于这件事，其胞弟启勋曾在《曼殊室戊辰笔记》中，为我们留下了详细的记载：

> 《辛稼轩年谱》，九月十日始属稿，二十四日编至稼轩五十二岁，入夜痔大发，竟夕不能睡，二十五日过午始起，侧身坐属稿。二十六日，痔疮痛剧，不能复坐，二十七日，始入京就医，十月五日，始返，仍未能执笔。十月五日，从北京就医归，归途感冒发烧，不自觉，六七两日执笔校改前稿甚多。七日下午，始知有病，遂卧床两日。九日下午，势全退，乃赓续作此。十月十日，昨日午势已全退，今晨复升至三十七二，可厌之至。无聊故，仍执笔，十二日，为最后绝笔。[1]

是啊，这种至死方休的、总要由后辈来为前人编修年谱的习惯，正是华夏民族代代相传、生生不息的缩影和写照，它既能让古人生活在今人中间，能让今人生活在古人中间，使我们得以跟这么多值得追思的丰满人格日夕相处，——这正是把中国的文

1 转引自丁文江、赵丰田编:《梁启超年谱长编》，第 768 页。

化生活给丰富点染起来的诀窍之一，正是让人们从未在生活中感觉到寂寞的原因之一，也正是使得我们的同胞即便没有外在的宗教，也仍能保持住道德自律的原因之一。

2015 年 6 月 28 日于清华学堂 218 室

国学院里的德里克

面对着镜中的人物
他伸出自己的左手
却抓住了你的右手
——题记

一、怎样阅读“这一位”作者

事实上，无论是在我们的历史理解中，还是在我们的现实操作中，过去的和现在的清华国学院，都是相当之自由与开放的。

正因为这样，在刚刚结束的访美旅行中，我于密歇根大学孔子学院所发表的讲演，才会选择以“国学如何走向开放与自由”为题。——在这场讲演中，沿着以往阐述过的从“接着讲”到“对着讲”的思路，我又依次提出了“小空间”与“大空间”、“文化之因”与“文化之果”的解释框架，来继续发挥在“多元与自由”“保守与开放”之间的弹性关系。借此，我便试图向那边的学界来澄清，尽管在一方面，当前国学的高涨必然意味着对于某种价值支点的保守，但在另一方面，这理应同样意味着对于世界文化的关切与吸纳。

而紧接着，还在回程的飞机上，我便念叨着要发笔写这篇文章了，出版社已经为此等得好苦了，而且也已经把我催得好累了。那么，就从这个“开放”的话题说起吧。——正是这本基于德里克在我们这里的讲稿而写就的书，可以确凿地证明清华国学院的开放性。甚至，它不光是向一般的西方学界来开放，还向西学中的左翼阵营去开放，因为这位土耳其裔的美国教授，正是本院在复建后所请来的第一位国外学者，而他至少在海外汉学家的营垒中，可以算得上立场最为激进的一位了。

不过，这里却要先来澄清一下。在我看来，只有置身和隶属于西方的左派，才可以算得上名副其实的左派，而大凡这种“货真价实”的左派，不管他们如何偏激和喜欢挑起争议，却大抵不失真诚可爱的一面。——不待言，这样讲也就意味着，我对于恼人的所谓“左右”之争，自有我本人的独特界定方法，那意味着一道干净利落的思想切面：无论如何，撇开那些故弄玄虚的、先意承志的障眼法，只有坚持去抵抗现存政治权威的，和坚持去批判主导意识形态的，才有资格被称作“左翼”的知识分子；在这样的意义上，如果以当代中国的独特语境来推演，那么在我们这块土地上自称为“左派”的，大抵恰属于鱼目混珠的“右派”。

上面的这番话，可以算是对于德里克的引荐。如果说，在绝大多数汉学家那里，对于语言和史料的兴趣，都会大过对于思想的兴趣，那么，正如老友陈维纲向我说过的，他最佩服其中的两位例外，他们倒有较高的理论素养，——而无巧不巧，德里克正属于其中之一（另一位待会儿再说）。换句话说，此公较为难得的一面是，既可以算是理论上的方家，同时又是中国问题的专家。也正因为这样，尽管这样的学者照样会有对有错，但至少对于我这种学习哲学出身的人来讲，阅读起来会觉得比较解渴。

当然，由于越是到了晚近的阶段，德里克就越是倾力于理论推演，所以一般而言，此公对于理论本身的阐释，起码对于他的中国读者来说，就远比他的案例分析更令人信服。——而与此同时，由于他对于中国现象的下力，相应地也会有所减少或分散，所以，在他笔下或口头的中国，如果按照国人的印象而言，就难免要显得模模糊糊的。甚至，就连他想要来引证中国作者时，德里克所要援引的汉语文本，都显得不够权威和不无随意，这同样也说明了，他对于自己要论述的这个语境实在缺乏足够的熟悉和掌握。

还有一个问题就是，也许读者在打开此书之后，会生出几分说不出的疑虑，不知它何以能算作一本专著。无论如何，这只是在把一种理论和若干问题，不很紧密地叠加在一起。尽管作者也随机考察了几个知识领域的情况，主要是国内历史学、儒学、社会学和国学的历史与现状，可他给我们留下的总体感觉却是，理论与案例在这里往往只表现为“两张皮”；也就是说，好像即使没有那些历史叙述，也照样能从理论上得出那种结论。——因此，毋宁说这里只在遵循这样的逻辑：马克思主义及其在当代中国的竞争对手。

而这就引出本节的要点来了，即究竟怎样在黑格尔的意义上，来开卷有益地阅读“这一位”作者。一方面，我们还是应当意识到，“这一位”作者毕竟还是一位汉学家，正因此，不管他怎么具有理论的兴趣，总还是要拿理论来“联系”中国的实际。可在另一方面，我们还应当因人而异地想到，至少就“这一位”作者的个性而言，我们在阅读方面的主要精力，还是不如投放到他的理论框架上，否则就很可能会买椟还珠，甚至只会落得个莫名其妙。

我在此进行这样的提示，是因为曾经读到了一些文章，比如郭建发表在香港刊物上的那篇，径直把德里克归结成了当代的“文革幽灵”。[1] 当然了，这样讲也同样是不无依据的。不过，我却宁可把德里克的这些失误，留给读者们去自行判断。——而与此同时，我倒更想来进行这样的提醒：只想从感觉上去怀疑和疏

1　参见郭建：“当代左派文化理论中的文革幽灵”，《二十一世纪》，2006 年 2 月号。

离他，对于中国读者来说是容易做到的；但是，若想从理论上去驳倒和超越他，相形之下就没那么容易了。无论如何，只有在弄清了他的理论立场之后，我们才能在即使“不敢苟同”他的情况下，也可以理解他为什么要那样讲，而这既算是宽容他的好办法，也同样会是克服他的好办法。

评论德里克的难度还在于，此公又不光是喜欢信口滔滔，而且还惯会利用一种吊诡的笔法，总是先去说说正面，再来说说反面，并且，他还经常会在一个噎人的长句之中，刚把自己主要的意思说完，就赶着留下一个反讽的尾巴，或者先虚晃一枪地认下账来，接着就以三倍的力道反扑过来，让人们很难一下子抓住他的要害。比如，让我们信手举出一个例子，来看看他这种闪烁不定的文风：

> 从强调特殊性的民族主义视角来看，将来源于欧洲的理论模型生硬地套在中国社会上，是非常错误的。然而这一视角却忽略了指导马克思主义史学更为深刻的假设——尽管社会发展存在着社会分化，并受到社会变迁的阻断，但是社会发展的规律内在于不同社会当中，并为社会发展提供了内部一致性。[1]

1 阿里夫·德里克主讲：《后革命时代的中国》，第70页。

当然，正如这段话的主要意思所示，这种看上去不偏不倚的文风，并不意味着他就没有自己笃定的立场；恰恰相反，尽管德里克也接受过不少别的影响，因而并不容易给他贴个简单的标签，但他主要的立场还是马克思主义的。所以，同样的吊诡也反映在这一点：一方面，正是作者的这种“固执”才使我们想起，在国际上还有很多像他这样的，既思想活跃又深具生产性的马克思主义者；而另一方面，就他“这一位”马克思主义者而言，问题恐怕更多地还不是表现在他把这种外来的主义带到了中国，相反倒是他在研究中国案例时——具体而言，是在研究中国的马克思主义史学时——铸造了或坚定了他本人的这种立场。

一俟我们可以这样来知人论世时，就不难理解此公何以要这样论述了：

> 或许马克思主义史学中的整体主义有些过头，但是它所建立的结构性关联成就了一种全新的、建立于社会与经济基础之上的历史解读方式。反思历史的社会与经济进程，不仅能产生新的视角，以发现过去未见之事，而且可以催生全新的研究模式。即使受到意识形态的限制，马克思主义历史学家还是开启了广泛的研究领域，涉及从日常生活到哲学的社会的所有方面，而它们之间的结构关系需要再次加以审视。其遗产直到今天仍然影

> 响着我们的研究，而他们的著作也提醒我们，当代中国史学在追求马克思主义历史的替代品时，为其所抛弃的问题付出了代价，因为这些问题对于实现一种革命的宏图来说至关重要。[1]

此外，正如他对“后革命”和“后社会主义”之类说法的发明，德里克在理论立场上的这种坚持，也同样可以被说成是“后革命时代的马克思主义”。也就是说，就算他在口头上不愿意承认，或者顶多也只愿意一笔带过，然而他对于过去历史中的种种失误，其实还并不是视而不见的。由此在一方面，他在这种“后革命时代的革命立场”，还是可以松动或修正一些的；所以在另一方面，他对于马克思主义的这种坚持，从客观后效上来说，也只是希望不要去矫枉过正，而把婴儿和洗澡水一起倒掉：

> 马克思主义仍然在历史学界中存在，但仅仅是众多流派之一，而且并不是最重要的一种。如果马克思主义继续作为一种历史世界观和方法论存在下去，那么它需要借助一种与以往不同的身份——最有可能的便是成为众多研究方法之一种，或者只是某种研究方法的组成部

1　阿里夫·德里克主讲:《后革命时代的中国》，第 93 页。

分。虽然这会让马克思主义的身份变得模糊起来，但是也有好的一面，它可以让马克思主义从一种发展模型变成具有启发性的分析工具。[1]

二、滑得像泥鳅的“现代性”

由德里克想起了一件有趣的往事。还在我生平第一次访问美国时——大约是在90年代的中期——就曾听到他在杜克大学的一位学生，天花乱坠地讲起了他们所理解的“现代性”……而听着听着，坐在我身边的陈来兄，突然插话朝他议论了一句：“如果照你们这么讲，邓力群就是最‘现代性’的！”

这当然只是一句笑谈，但它却很能凸显出彼此间的区别。——像我们这一代人，都是从“四五运动”的余波中走来，而正是在那场隐忍不住的自发运动中，人们才开始向着广场的方向聚集，冒险喊出了要求实现“现代化”的口号，并由此才在中国的天际线上，催生出了改革开放的曙光。也正因为这样，至少在很长一段时间以来，我们只要一提到“现代”二字，特别是所谓的“第五个现代化”，就几近本能地心潮激荡起来。

当然，此后在所谓“阅读无禁区”的口号下，我们也逐渐接

1　阿里夫·德里克主讲:《后革命时代的中国》，第96—97页。

触到了“现代化”的另一面，那正是更常被人文学界提起的“现代性”。而且，尤其是从写作《西方的丑学》入手的我本人，几乎从踏入这个学界的第一天开始，就一直敏感于“现代化”的负面效果，提防着由此所带来的全面异化，这也是不在话下的。但无论如何，这种由“现代化”所带来的“现代性”，在我们这一代人的理解中，总还是跟前者属于“一体两面”的，因而就总还是具有其固定的属性。——直到有一天，某些从海外归来的留学生，说不定还正是从德里克或詹明信那里，带来了更加新潮或洋派的“现代性”概念，引起了包藏在上述笑谈中的心智困惑。

有了这种说法，此后大家再聚会神聊时，围绕着这种原是自明的概念，就难免要来“公说公有理，婆说婆有理”了，无端生出了越来越多的困惑。正因为这样，记得有一回正纷争不已时，还是陈来兄干脆打断了大家，要求每人都只用简单的三句话，来说明自己所理解的“现代性”。于是，我把这个话头抢了过来，急中生智地给出了自己的定义：第一，所谓“现代性”，就是自工业革命以来所产生的社会变革，以及由这种变革所导致的心理效应；第二，这种“现代性”的本质特征，就是韦伯所讲的“工具合理性”的急剧膨胀，以及“价值合理性”的相应萎缩；第三，这种“现代性”由此就跟所有主要的世界性宗教，包括西方世界的基督教本身，构成了不可调和的激烈冲突。——即使到了今天，这三重定义仍是我本人理解“现代性”的基点。

如要还要接着讲述的话，当年的讨论还有很长。不过，我却要把话题再收拢回来，赶紧回到本文的正题上。——有意思的是，正是德里克这本书告诉我们，当年给我们造成了这类困惑的人，原来他自己也有相应的困惑：

> 对于我来说，至少有一个问题一直让我非常困惑。中国当代领导人和知识分子宣称中国正处于现代化进程中，或者说尚未实现现代化，这与通常的史学实践用“现代”来描述近150年的中国历史互相矛盾，也与中国社会自梁启超及其同侪致力于中国现代性事业以来所经历的革命性变化互为抵触。非中国的历史学家的专著标题，例如《追寻现代中国》或者《中国的现代化历程》，都暗示了“现代中国”并非十分现代……1980年代以来，中国学者也加入到这一行列中，对“现代中国”的现代性表示出同样的怀疑。经历了1970年代“文化大革命”的这些学者，都认为来自前现代的“封建”力量仍然在中国社会占有统治地位。一些著作甚至认为，中国必须回到梁启超的那个时代，来重新思考现代性的整个事业——这就好像处于二者之间的那个时期与现代性没有任何瓜葛。[1]

1 阿里夫·德里克主讲：《后革命时代的中国》，第11页。

由此也就显示出，对于不同的思考者来说，即使是面对着同一个概念，由于他们思考的环境不同，发出思考的立场不同，所谓“现代性”也照样会显出不同的样貌，并由此而引出不同的判断。而主要的分水岭则在于，这种“现代化”及其背面的“现代性”，究竟是被认定为目标呢，还是被认定为现状？——如果被认定成了前者，那么这就反过来意味着，发出这种思考的主体，由于尚且置身于和受困于欠发达国家，便把它视作了发展的未来，哪怕这种发展仍属福祸相依或未定；而如果被认定成了后者，那么这也就反过来意味着，发出这种思考的主体，由于业已立足于和享受着发达阶段，遂把它视作了当下的现状，哪怕这现状也处于不断的变迁中。

正因为这样，真正的困惑就毋宁在于，正如德里克在书中所引证的：

> 维特罗克提出的问题貌似简单：我们究竟应该把现代性与时代（即人类历史的一个特定时期）相连接，还是与“特定时期和特定社会中的特定现象和过程相连接”？[1]

1 阿里夫·德里克主讲:《后革命时代的中国》，第 47 页。

由此一来，就算从一个方面，我们也不得不承认，即使是在已经完成了“现代化”的国家，其“现代性”的表现也是有所差异的，正如德里克接着对维特罗克的引述：

> 自有现代社会制度以来，即使在西欧与中欧，也存在制度与文化形式的多样性，这一点在经验上无法否认，而且极其明显。当诞生于欧洲的制度传播到世界的其他地区时，这一点就变得更加明显了。[1]

可在另一方面，我们却又不得不坚持，所谓“现代性”仍有其固定的特征，而不能只被等同于“现时性”或“共时性”，或者只被简单等同于“当下此刻”，否则，这么一个至大无外的、空空荡荡的概念，徒然解构了自“四五运动”以来所积攒的心力，对我们还能有什么用处？

我是特别留意脚下这块“思想的浮冰”的，也是特别强调要心怀警觉地“叩其两端”的，[2] 于是就免不了想在微妙的“一多之辩”中，来把握这个滑得像泥鳅的“现代性”概念。准此，正因为“现代化”运动是逐渐波及全球的，所以它就不会只是个空

1　阿里夫·德里克主讲:《后革命时代的中国》，第 48 页。

2　参阅刘东:“如临如履地叩其两端”，见《思想的浮冰》。

洞的时间概念，相反它倒会在世界范围的空间中，就像天文学中有名的“赫罗图”一样，以种种形态差别来展示“历时性”的变迁。因而，尽管都是生存和变化于这个“现时代”中，所以即使像朝鲜这样的国家，也不可能一点都未受到现代生活的波及，比如在那里也可以有限度地使用手机，实在上不了网就只去玩其中的电子游戏。然而，我们就此却应想到黑格尔在《精神现象学》中的说法——即使除了人类，别的动物全都没有它们的耳垂，也不能把这个耳垂视作人类的本质属性。正因为这样，无论人们怎么去夸大其词，存在于发达国家之间的那种区别，也不能被等同于它们同发展中国家，乃至欠发达国家之间的区别；而“现代化成功”的国家和“现代化受挫”的国家，尽管它们也同样都存在于这个“现时代”，甚至也同样都受到万有引力或地心引力的影响，但至少在“现代性”这个尺度的衡量下，它们之间的区别还是属于最为基本的。

缘此，当我们面对这类无边的“现代性”概念时，还应当回头再重温一下于尔根·科卡十几年前发表在《中国学术》上的评论：

> 在现代化在全世界扩展的过程中，现代化范畴的变化、概念的多元化都是要付出代价的。有时候所有的现代性的共同点……往往是相当单薄或含糊的。比如，依

土耳其学者尼吕菲尔·古勒（Nilüfer Göle）之见，现代性最主要的特征仅仅是其持续不断的自我修正的潜能。对瑞典社会科学家比约恩·维特罗克（Björn Wittrock）而言，现代性既非一个统一的文明亦非一个时间段落，而是一种全球性的状况，是一系列的希望与期待，期望获得某些最小限度的充足条件，他还论及一种特殊类型的历史意识，即对于现代思想中思维的、能动的自我的地位以及对于现代思想中自我反省与批评的本质的新的认识。对艾森斯塔德而言，当一种文明的秩序不再是想当然的，而成为持续论争的目标，当抗议运动变得举足轻重并且形成政治合法性的新形式时，这种文明就有资格被视为现代的。现代性的经济与政治制度上的标准依然未被清楚、详细地说明。在这些“软”定义的基础之上不易区分不同程度的现代性。与此同时，现代的与传统的在概念上的二分显然被相对化了，如果不是被抛弃了的话。因而，几乎一切都能被称为现代的。[1]

不过，不能被视作无边无际的和过于空洞的，并不意味着像

1 ［德］于尔根·科卡：“多元的现代性与协商的普遍性”，庞冠群译，《中国学术》，第十辑，北京：商务印书馆，2002 年，第 283 页。

“现代化”和“现代性”这一系列的概念，就要转而被视作封闭性的和本质主义的。正因此，虽然于尔根·科卡从中看出了上述问题，他还是沿着艾森斯塔德所谓“多元现代性”的思路，进一步提出了“协商普遍性”的命题：

> 多元现代性的观念允许我们完全认可现有的复数性质而无须全然放弃一个统一的基点。它允许在全球的范围内比较制度、策略与价值的相似性与差异。此外，它鼓励探索并发现相互间的影响、在各方面相遇的结果、理解的过程、选择、吸收以及内在的牵连。现代世界的相互关联成为了一个话题，绝大多数现象的杂交特征变得清晰。当西方人被警戒避免过高估计他们自身的传统时，非西方世界的知识分子与精英则能发现一些新的、有成效的方式可在全球的背景下来安置他们的经历与传统，而无须如此反对现代性，无须将自身封闭在一个思想上破碎的全球景观中。[1]

由此而说来说去，这还是属于那种微妙的“一多之辩”，还是展现了那块两侧都有危险的“思想的浮冰”，由此，也就有必

1 于尔根·科卡：“多元的现代性与协商的普遍性”，《中国学术》，第十辑，第284页。

要重温自己刚发表的说法：

> 决不能只因为盯住了这边的危险，就忘了浮冰上还有另一个边缘，而真正的人生吃紧之处，只在于哪个边缘距离你更近，和哪边的危险更迫在眉睫。[1]

而说到这里又不免想到，最能显出这类常见吊诡的是，晚近被我们请来为"梁启超纪念讲座"开讲的德里克，和请来为"王国维纪念讲座"开讲的麦克法兰，居然在这个"一多之辩"上表现得如此相反。——如果说，麦克法兰那本《现代世界的诞生》，是把天平偏向了他自己的国家，从而偏向了所谓普世性的"一"，那么，德里克这本《后革命时代的中国》，则干脆把整架天平都给推倒了，以便去等量齐观林林总总的"多"。

由此一来，如果前者在情感上难免让人抵触，那么，后者则又在理智上难免让人困惑；如果前者是把西方的过去和现在，都说成了"独一无二"的优长，那么，后者则把我们想要急起直追的目标，把我们用来判定大是大非的标准，或者我们在公共空间用来"讲理"的理据，也都给毫不留情地颠覆掉了：

1 刘东："如临如履地叩其两端"，《思想的浮冰》，第 2 页。

当现代性话语取得了一致性的时候，它所依赖的是一幅理想的图景（因为现实尚未实现），这些理想激发了关于崛起的资本主义社会的讨论：从对市场经济的颂扬，到围绕着民族国家建立起来的全球政治组织；从统治者和被统治者的进一步整合（经由政治权利的普及），到定义了国家—社会关系的宪法；从提倡公共生活的世俗主义，到将科学理性置于所有其他生活经验形式之上；最后，通过将市民文化引入公共生活，对公民进行教化以达到上述目标。最初，现代性话语在建立其客体时，不断对某种或他种历史进行指涉，这既是对过去的否定，又是对它的继承。[1]

不过，更值得玩味的则是在最近，麦克法兰竟又在《中国学术》上撰文指出，西方社科理论范式的自身演变历史，显示了它们同政治经济状况的密切对应关系：

总体规律似乎是，在经济和技术发展迅速的时期，尤其是当其关联到一种文明在政治上的支配地位和进行扩张的时候，信心就上升了，乐观的、“进步的”、目的

1　阿里夫·德里克主讲:《后革命时代的中国》，第 14 页。

论的理论也就占据了主导地位。在那些政治对抗和相对平等的时期，非进步的情绪就会占上风。因此，西方在技术上占据优势地位的十八世纪、十九世纪下半叶、或第二次世界大战结束后，人们便“感觉”“进步主义”，理论是正确的。而当西方与世界其他地区之间的力量大致平等，快速进步的信心就消退了。[1]

而这实际上也就意味着，麦克法兰本人也已经认识到，他所说的那个“独一无二”的优势西方，已不再被地球人视作进步的目标了。

于是在这样的意义上，我们或许又可以说，麦克法兰到头来又部分地同意了德里克，——比如我们再来对照一下后者的下述说法：

当现代性自身被全球化之时，同样的情况也发生于现代性这一更为宏大的进程当中，它在全球范围内将诸多差异整合其中，而试图掩盖推动这一进程超过两个世纪的普世主义前提。这并不意味着现代化进程已经终

1 ［英］艾伦·麦克法兰：“片段：时间观与我们生活的世界”，《中国学术》，第三十三辑，第 252 页。

结，事实上，它所具有的力量已经在全球范围内赢得了人们的信心。不过，这一进程已经失去了目的论的力量，即所有想要现代化的社会都必须与它们的过去（或者现代化理论中所谓的“传统”）拉开距离，并在历史终结的这一时刻重新汇集为对现代的完美实现，这正是欧美社会的政治、文化立场所长期鼓吹的。[1]

沿着德里克的上述论证，我们就触及了一个更根本的问题，即前述那个“一多之辩”中的“一”，究竟有没有资格被认定为“普世性”的。无论如何，要是这个尚且前途未定的“全球化”，到头来只是意味着“全球资本主义化”，就像他在此书中所论述的那样——

全球化恰好发生于普遍主义幻灭之时，这进而开辟了新的空间，来重新思考替代性的认知方式。而另一方面，对全球化的热情或者失望使我们很容易忽视，全球化同时传播了欧洲中心主义的认识论假设，在资本主义被全球化时，它获得了更为激进的力量。[2]

1　阿里夫 · 德里克主讲:《后革命时代的中国》，第 18 页。
2　同上引书，第 59 页。

那么，我们就休想说服这位坚定的马克思主义者，去哪怕部分地减弱自己的批判火力。——恰恰相反，我们倒是理应可以理解，既然已不再把“现代化”当作光辉的“彼岸”，而是把“现代性”视为有损公平正义的“此岸”，那么，也就理应允许对于这样的社会现实，进行力大沉雄的、更具整体性质的批判。

三、当发展也成了一种“主义”

回想起来，对于德里克念兹在兹的那些理由，我本人也并不是没有纳入过考虑，比如自己在多年前就曾这样写过：

> 我们刚从“斗私批修”的大批判中脱身，刚从“一大二公”的穷过渡中脱身，刚从“姓社姓资”的紧箍咒中脱身，刚从“短缺经济”的排长龙中脱身，对于闭关锁国的深重危局尚有余悸，对于造成落后的历史惰力犹怀义愤，所以，在现代化重新起步之初，就不得不勉力体贴高层决策的难处，告诫自己对复杂的矛盾要“两害相权”，学会只把主要警惕对准“改革开放”的对立面。这种“蛙眼”式的反应机制，当然不乏其机敏灵动的一面，使我们在许多历史关口充满了现实感，以同仇敌忾

> 的姿态防范了倒行逆施。但与此同时，它也以本能的麻木贻误了我们，使我们对新增的威胁报以不应有的冷漠，坐视它们点点滴滴地山积在面前，哪怕自己早已呼吸困难……[1]

——出于这样的体认与思考，我也很赞成到了眼下的这个阶段，应当把以往那个“改革开放”的口号果断地置换成“公平正义”的口号，其中也应包括“环境正义”和“代际正义”。

无论如何，要是内心原未藏有此类的思考，那么到了本文的文脉中，恐怕也就很难去同情地理解，德里克何以又反对前文提到的、由艾森斯塔德所率先申论的、听起来理由如此充足的“多元现代性”了——

> “多元现代性”所引发的直接问题是，作为一种新范式，全球化在理解当代世界权力重构时取得了支配地位。全球化意味着，不论在文化上有多少种不同的立场，我们的世界总存在一些共同之处。这些共同之处体现在艾森斯塔特“原初的西方方案”这一说法之中，它

1 刘东：“别以为那离我们还远”，《理论与心智》，南京：江苏人民出版社，2001 年，第 59—60 页。

> 继续成为全球化讨论的“参考点”，或者存在于维特罗克将现代性描述为一种“全球状态”中。全球化区别于现代性的不同之处，正在于它抛弃了欧洲中心的目的论，从而在现代性的展开过程中得以容纳不同的历史轨迹。但是这并没有回答一个问题——究竟是什么让这个世界具有了共通性，从而让共通性的主张比起过去的任何时候都显得更为有力。[1]

所以，不管是否能够全盘同意，我们毕竟应当看到，正是在诸如此类的地方，德里克有力发挥了其马克思主义立场。——正如布莱希特站在红场的水晶棺前，先要大喝一声“资产者来了”，却发现那沉睡者仍自一动不动，才愿意相信列宁确实死了一样，德里克坚持反对“多元现代化”的理由，也还是在于在这样的“多元”之上，仍暗中存在着一个作为西方中心的“一元”，而且这种“一元”的主要存在形式，还是由全球资本主义所推动的“发展主义”。——这种对于资本主义的不共戴天的仇视，既可以算是一种标准的马克思主义立场，因为他终究还是把全部历史的症结，归结为人类社会的物质生产方面；但反过来说，它却又并不符合经典的马克思主义，因为尽管马克思极度厌恶资产者的人

1　阿里夫 · 德里克主讲:《后革命时代的中国》，第 57 页。

格，然而历史唯物主义的基本原理，毕竟是要把物质生产力的持续增长，以及由此带来的生产关系的必然变革，看成在今后发展出“自由人联合体”的温床。

正是沿着这样的逻辑，德里克就不光要拒绝这样的“一元”，还要把自己批判的笔锋掉转过来，更加猛烈地对准了相应的“多元”，因为按照他的理解，那不过是在借着对本土文化的陶醉，来逃避实际上的欧美文化霸权，甚至不过是在以文化上的多样性，来掩饰资本主义的全球化：

> “多元现代性”意味着全球性的多元文化主义，它对文化加以具体化，以便让文化与政治上的失序变得可以管理；换句话说，就是在全球范围内对多样性进行管理。否则，我们怎么能解释，上面提到的一些分析语言从全球向着民族国家与文明不断下滑，并拒绝承认这些实体存在的内部差异？与全球化的论调相同，“多元现代性”强调文化差异，然而，这些以空间为支柱的文化差异本身就是现代化的产物。通过国家、文化、文明和群族的边界定义“多样性”，“多元现代性”在向现代性发起挑战的同时，又承认通达现代性可以有不同的文化路径。虽然这是对较早以欧洲为中心的现代化话语的改

进，但是它延续了后者的文化主义偏见。[1]

可进一步说，面对这位“马克思主义的汉学家”，我们却无法不这样认为：不管他的马克思主义理论是否正宗，他终究未能很好地“联系”到中国的实际。事实上，正是他所研究的这段现代中国历史，可以“事实胜于雄辩”地告诉他，中国人也许比世上的任何其他民族，都曾更倾向于相信他所执的理论，由此也曾真诚地试探过其他的发展道路。只不过，我们后来不得不基于惨痛的教训，来确证那些斤斤计较着“姓社姓资”的道路，根本都是一条作茧自缚的、自寻落后的道路，反而白白便宜了他所投奔的发达国家，让它们永远在地球上占据着富裕与先机，也永远独享着地球上的宝贵资源。相反，一旦我们开始就此改弦更张，居然连一代人的功夫都还没过去，中国在世界的地位就已经“得二望一”了。——正因为这样，当我们听到一位来自资本主义大本营的教授，振振有词地再次开导我们一定要“自废武功”时，感情上必然会是非常复杂的。

正如我在一本出版于去年的新书中所说，既然这种现代化，已经表现为整个地球人的宿命，那我们也就只有把业已踏上的这条道路，当作自己无可回避的宿命来承担：

1 阿里夫·德里克主讲:《后革命时代的中国》，第 58 页。

既然我们已经认识到了，铺天盖地而来的全球化浪潮，已不能放过地表上的任何人，而要表现为针对全人类的无情宿命，那么，大家也就只有暗自咬紧牙关，以昂扬的姿态与积极的行动，去承担这种无可规避的命运。必须清醒地看到，某些过去行之有效的文化经验，一旦被带到全球化的崭新语境下，也已经转变成了明日黄花。所以，正像圭拉姆·德拉德赫萨所形容的，全球化对于全体地球人来说，都意味着一场输赢之间的“博弈”，——而这场“博弈”中最可能的“输家”，必将是那些对它置若罔闻的个人与国家。[1]

此外，还是循着上述“叩其两端”的逻辑，即使我曾经以“蛙眼”之喻，来提醒关注产生于改革开放中的新的危险，我也从来不会由此便只去紧盯住这种危险。与此同时，也正是出于这种“执两用中”的逻辑，即使同样强调生产方式的重要意义，我也从未仅仅因为这一点，便想要去忽视人文研究和文化生产的意义。正如我在本节开头所引的文章中，紧接着就从另一个侧面所提示的：

1 刘东:《再造传统：带着警觉加入全球》，第 201—202 页。

并不是说，新增的危险一经发现，旧有的危险便不复存在了。我们当然还需要“改革”——而且由于许多配套方案的滞后，种种深层痼疾已恶性发作，所以我们甚至从未像现在这样急需“改革”。但我们同时又理应看到，正由于改革事业的未竟、由于改革举措的乏力，许多现代性的富贵病，反在这个发展中国家夸诞地表现出来……这种非驴非马的窘境，足以使我们幡然悟出：天下本没有“先社科、后人文”的道理，不能空等着改革进程结束，彻底付完了所有“必付的”代价，再去为现代化的“副产品”消毒。所以，以前那种“两害相权”的思维方式，本身就派生于某种单因单果的肤浅历史主义，它既盲目乐观，又消极旁观地宣扬“先穿衣吃饭，后文化建设”，殊不知这两种向度向来互为因果——没有人文世界的范导，就只能是无头的四处乱撞的经济苍蝇！[1]

而说到这里，就应再来进行一点澄清或确认。前边已经说过，尽管这位土耳其裔的美国教授，肯定也跟后殖民主义思潮有着联系，甚至也有人曾将他视作这股思潮的某代人物，可在骨子

1 刘东：“别以为那离我们还远”，《理论与心智》，2001 年版，第 60—61 页。

里，德里克本人却肯定会更认同于马克思主义。而由此再进一步说，正因为既是一位坚定的马克思主义者，又是一位引领过潮流的后殖民主义理论家，这两种身份就往往会在他那里发生矛盾。我们看到，但凡是遇到了这种两难的场合，他就会毫不犹豫地放弃后殖民主义的立场，——说到底，究竟是更看重物质生产要素，还是更看重历史文化要素，在马克思主义和后殖民主义那里，是会做出不同的优先选择的。

正因为这样，我们才会顺理成章地看到，到头来他会以马克思主义的姿态，干脆把猛烈的批判矛头，直接对准了晚近的后殖民主义浪潮本身：

> 1990年代的后殖民批判，最准确地来说应该是后革命的，这指的是它不仅发生于革命民族解放运动之后，而且采用一种反革命的姿态来对待革命的失败。不论对后殖民批判的描述有着怎样的分歧——尤其是对它的挪用与殖民主义并没有半点关联，我们仍然能够指出后殖民批判区别于早先反殖民批判的突出特点。首先，后殖民批判将殖民作为历史的核心，这之所以可能，是将殖民主义从资本主义中剥离出来（通常是策略性地）。这样做不仅使批判殖民主义变得可能，同时可以接受资本主义的世界秩序……其次，后殖民批判虽然

将殖民者—被殖民者的关系放置于历史考察的核心，但是由于它拒绝对殖民主义加以结构性的理解，也给殖民者—被殖民者关系赋予了不确定性和随机性，并用“混杂性”（hybridities）、“中间态”（in-betweenness）、“本土遭遇”（localized encounters）等替代了所谓的二元对立……最后，作为殖民遭遇产物的本土精英，殖民主义的上述特性对这一阶级最为适用。在殖民主义中，本土精英占据了殖民者和本土人群之间的政治、文化边地，在解放事业完成过后，他们又成为国家与世界之间的文化桥梁。[1]

正是出于这样的逻辑，尽管看上去有点不合常理，这样一位来自第三世界的美国教授，才会在正席卷全球的后殖民批判浪潮中，反而挑明了要反对（至少是要警惕）复兴中的文化保守主义：

政治去殖民化的失败，加之资本主义表面上的不可抗拒性，使得文化站到了前沿，它不仅为政治逃避提供了空间，而且为政治实践提供了方法。当代后殖民知识分子所声称的文化和知识，的确借鉴了本土的过去，但

1　阿里夫·德里克主讲:《后革命时代的中国》，第 275—276 页。

决不是要回到过去，因为这些复兴的过去已经受到这一世纪意识或者社会政治变革的重构；换言之，它们不仅仅是后殖民和后民族国家的，甚至可能是后全球的，因为文化抗辩与竞争上演的场域本身预设了一个不确定的全球性。而对殖民主义文化遗产的挑战，也是基于截然不同的政治背景和动机，它们并不一定比自身所挑战的对象更进步，虽然这一判断本身随着历史自身受到质疑，也变得越来越难成立。在某些情况下，这种挑战反而助长了旨在挑战的殖民现代性，而在另外一些情况下，唯有复兴最为保守的过去，它们才得以维持反殖民主义的主张。[1]

还是出于这样的逻辑，我们才会在这本书中读到，尽管根据德里克的自述，他对中国比对土耳其更有感情，尽管他有时也会一笔带过地承认，马克思主义在这里也曾有过失误，然而，他马上就会以不知多少倍的严厉态度，来指责种种本土文化的回潮。——这时候你简直就看不出，他的立场还能在什么意义上，属于世界范围内的后殖民浪潮，因为但凡属于后殖民主义的理论家，对于受到过殖民者压抑的多元文化，总会抱有天然的、深切

1　阿里夫·德里克主讲:《后革命时代的中国》，第 55 页。

的同情态度，乃至总会跟本土文化的研究者形成某种自然而然的同盟关系。

我们由这一点，也就说到了前文所讲的另一位擅长理论的人，那正是出身于印度的美国汉学家杜赞奇。按说，总共才两位被陈维纲所佩服的汉学家，此二人又或多或少地都认同后殖民思潮，那么他们彼此之间总应该惺惺相惜吧？然而，德里克却从来都不赞成杜赞奇，正如他也从不赞成另一位姓杜的人（这一点我们留待下节再讲）：

> 虽然有些人如此宣称，但是没有任何迹象表明，民族国家正在衰退。不过，民族国家已经成为自身历史形象的俘虏，从而无法应对那些超出国家空间的力量：从经济、社会、政治、文化的相互纠缠而产生的力量，到那些真正的全球性力量，比如关于环境的问题。这里，我们的任务不光是从民族国家拯救历史，如杜赞奇所建议的那样，而且要从历史中拯救民族国家。唯有如此，各个民族国家才能通过适当的途径重新自我想象，以应对时下的各种挑战。打破二者之间的纠结，需要对民族国家加以解释，而不是仅仅加以接受；并且，历史学也需要选择一种视角，它比民族国家的视角既宽又窄，仅

此，我们的目标才能实现。[1]

在我个人的印象中，反正只要有机会发出声音，德里克就总会捎带着修理杜赞奇，特别是他的那本《从民族国家拯救历史》。而在这里，我们应当撇开个人之间的意气，而更关注他所持有的内在学理根据，那正是要反对任何形式的文化本位，和反对任何形式的本质主义。

写到了本节的最后，让我特别有兴趣的是，尽管彼此的出发点并不相同，然而由于德里克坚持反对“替代性现代性”，认定了它在资本主义的席卷下，不过是其全球主题的一种变异，缘此，一旦他要调整自己批判的焦点，而对准了强调“内倾性发展”的“第三代汉学家”，倒显得跟我有些“所见略同”了。——比如，先来看看我本人是如何论述的：

> 尽管相对于费正清的“冲击—回应”模式和列文森的“传统—现代”模式而言，以柯文等人为代表的第三代美国汉学家，已经开始注意以“中国中心观”为研究纲领来发掘中国本土社会的历史主动性和内倾延续性，但是，由于他们关心的主题仍属“后韦伯主义的”，所

1 阿里夫·德里克主讲:《后革命时代的中国》，第 29 页。

以这种研究纲领仍然摆脱不掉“西方中心观”的束缚；也就是说，即使第三代汉学家已经希望“在中国发现历史”，其要旨也仅限于去追问这种历史中的潜在活力究竟是否有助于打破中国传统社会的内在结构，故此他们的研究结论仍与中国的事实有相当的隔膜……受马克斯·韦伯思想惯性的制约，人们总是不由自主地把“能否产生合理性资本主义”的问题当成一把梳理中国史料的篦子；他们似乎从未准备转念思索另一个更加深刻的问题：至少从中华文明的价值理念来看，这种现代化运动实质上是并不合理的，因而是绝不可能在中国古代社会内部自发地滋生出来的。[1]

如果说，我在二十几年前就已对“第三代汉学”提出过批评，认为假如他们非要到中国的内部，来寻找“现代化”的“内倾性发展”，便反而将西方对于中国的冲击合理化了，仿佛这种冲击正是被冲击者暗中所祈求的，甚至这种朝向“不合理的合理化”的发展，也是各种人类社会的“九九归一”之处，那么，德里克也从不同的方向论述了相同的问题：

1 刘东：“试论中国文化类型的形成”，《近思与远虑》，第133—134页。

> 作为范式的全球化将强迫我们使用一个长期的历史视角，并将现代资本主义历史化，而不是将其放置于某种预设的历史语境下……将现代历史全球化，创造了让中国历史“世界化”的可能：它将中国史带入世界，同时将世界带入到中国史中。“世界化”是柯文二十年前所提的“从内部研究中国历史”的反面。它要求我们在民族国家之外重思历史，注重跨民族和跨地方的问题，这也就为民族的历史化提供了语境。从这个角度来看，“从内部研究历史”可被视作“欧洲 / 中国中心主义”（Euro/Sinocentrism）的最终阶段。[1]

四、国学院里的德里克

由上面的话题，自然要说到此公对于“国学”的看法，这里当然是指中国自己的国学。读者们谅必可以料到，德里克对于这种本土学术的判断，大概不会是从低首的阅读中寻绎出来的，倒是从昂首的逻辑中推演出来的，而这种逻辑在他的笔下，也大抵就会被表述为下面的样子：

1 阿里夫·德里克主讲:《后革命时代的中国》，第 32 页。

当现代性被全球化之时，更多的界限被加诸现存的边界之上。多元或替代性现代性的概念，通过将传统转换成现代性的单位，使得传统也成了现代性的产物。这样一来，那些迥然相异而又极其复杂的历史也就成为了现代性的遗产，资本主义现代性便被进一步普遍化了。[1]

而在本书的另一处，德里克还将自己内心中的理由，分说得更加详尽：

后殖民关于混杂性的主张（尤其是在第一世界的语境下），因为它所具有的解构意义而受人瞩目。然而具有讽刺意味的是，这些主张通过表明混杂性是源于纯粹性的，很可能间接地帮助保守主义坚持民族或者文明的文化纯洁性。这样便使得保守主义再一次在全球政治舞台上抬头，成为制造分裂倾向的主要力量，以此来反抗资本和媒体的同质化力量。具有讽刺意味的是，关于替代性现代性的主张，无论是一种殖民混杂体，还是后殖民原教旨主义，都被局限在资本主义的范围之内。与革

1　阿里夫·德里克主讲:《后革命时代的中国》，第 283 页。

命试图找寻资本主义现代性的替代方案不同，当前对于替代性或多元现代性的讨论，其原动力均来自于资本主义的成功，这一成功将资本主义作为其最终目标。[1]

可想而知，一旦在内心中组织好了这样的理由，他就注定会反对任何形式的"国学"了。

同样可想而知，这也正是他要写作"边地上的孔夫子"一文的理由，由于《中国社会科学辑刊》的率先翻译，这篇文章也曾在我们中间引起过轰动，尽管大家在那时还未必能够"知其所以然"。正因为这样，我们在本院的复建之初，就写信请来了这位老朋友，当然不会只是为了表示宽容的风度，也还更想仔细地当面倾听他，以便弄清他发出这种批判的真实理由。不过在另一方面，尽管我在前边已经说过，我们对于德里克的阅读精力，不如主要投放在其理论框架上，可这里毕竟是历史悠久的清华国学院，所以，一旦弄清了他对于国学的态度，又澄清了他这种态度的理由，我还是要在结束这篇评议之前，来简述一下自己对其思考的思考。

此外，由于这毕竟是在为"梁启超纪念讲座"开讲，德里克就特意在自己的讲演中，多次提到过这位国学院的先驱，甚至会

1　阿里夫·德里克主讲:《后革命时代的中国》，第 276—277 页。

援引梁启超来支持自己，包括自己对于“国学”本身的批评。比如，让我们读读他写在下边的话：

> 梁启超1902年那篇影响深远的文章《新史学》，用这种新的历史意识（指带有时间假设的历史观念——引者）检测了中国的历史遗产，从而发现后者存在极大缺陷。二十年后，正如我们今天的现代性批评家一样，梁启超怀着现代性梦想的失落，对本土历史做出了更为正面的评价。不过，他仍旧批判以往的史学，不仅批判其受局限的视野，而且批判它面对混乱堆砌的事实，无法根据历史的自有逻辑建构出关于过去的一致性描述。后来，这种新近取得的优势地位在马克思主义史学中达到高潮，甚至浸入捍卫旧有史学实践的国学研究中。事实上，对“国学”最恰当的理解不应该是向历史的倒退，而是对历史的特殊回应。[1]

由此一来，作为清华国学院里的后继者，我也不得不稍微清理一下：德里克对于梁启超的引述，究竟是不是符合这位早期导师的观点。

---

1 阿里夫·德里克主讲：《后革命时代的中国》，第28页。

当然，不管怎样我还是要说，正因为德里克鲜明的治学特色，并非是在一味紧盯脚下的琐碎细节，其论说视野就总不失开阔的一面，而且他这一面也就总有相当的可读性。比如，我们如果读读他的下述论说，就会发现它至少提供了更广的参照系：

从全球化的视角来看，在欧洲现代性的霸权统治下，国学可以被视为民族主义矛盾的诸多反应之一……如果按照外来模式重新构建社会，那么这个民族本身应该是什么样的呢？……事实上，解决这一矛盾看似有效的方法，就是将古代历史“中国化”。在日本的国学中显然存在类似的解决方案，它不仅为中国的情况提供了一种来自邻邦的范例，而且提供了一种新的政治语言。相同的例子也可以从其他遥远的地方找到，比如19世纪的俄国，斯拉夫人对于建立民族国家的回应；20世纪土耳其对历史的重写；阿拉伯民族主义的史学向前奥斯曼历史的回归；以及印度史学在前莫卧儿时代搜寻真正本土的历史。例子远远不止这些。毋庸置疑，在所有这些例子中，从远古的文献传统中搜寻现代民族认同都受到同一种力量的推动，那就是要跳出“西方”与造成民族困境的近期历史所共同搭建的陷阱。[1]

实际上，正是出于大致相同的视野，我前几年才会在一篇长文中同样指出：

> 所谓“国学”即“民族国家之学”在西方压力下的广泛生成，如从全球史的角度来看，就属于整个非西方世界的普遍潮流，也就是说，世界上存在着多少被冲击成的民族国家，就有可能被迫产生出多少种“国学”。[2]

再如，基于他所擅长的宏观比较视野，德里克的下述提醒也肯定是不无启发：

> 过去数年里，“亚洲”这一观念在关于亚洲和亚洲价值的讨论中，本身就是有问题的，同样有问题的是那些孕育了亚洲价值的意识形态和文化资源。儒学复兴最引人注目的竞争对手，可能是出现于同一时期的伊斯兰复兴；同时也见证了印度教的复兴；而土耳其的右翼

---

1 阿里夫·德里克主讲:《后革命时代的中国》，第 258—259 页。

2 刘东:“国学：六种视角和六重定义”,《中国学术》，第三十二辑，第 307 页。

民族主义者，遥相呼应于东亚民族主义者和他们在欧美的摇旗呐喊者，复活了先前的“泛图兰主义”（Pan-Turanian）乌托邦，并扬言 21 世纪将是土耳其的世纪。而在亚洲其他社会，佛教继续占据主导地位。这里我们看到的是，本土知识吁求在全球范围内的复苏，它们甚至受到了欧洲现代性中心的重视。我们很难不作出这样的推论，在时间上同时发生的这些复兴，是同一世界语境的产物，即使不同的社会环境和意识形态主张让它们有了不同的本土形式。[1]

平心而论，上述论点对于有关“亚洲价值”的含混提法，也不失为一番简明而有力的质疑。

不过话说回来，一旦他只是基于天马行空式的推演，而从自晚清以来绵绵不绝的“国学”话语中，[2] 单独抽取出其中一小截当代的部分，一厢情愿地将儒学判定为跟资本主义同步的“替代现代性”时，德里克就只能基于一种精心裁剪过的叙事结构了。所以，那种只是在他笔下显现出来的、发生在儒学与资本之间的同步关系，就充其量也只能来证明他本人的叙事技巧：

1 阿里夫·德里克主讲:《后革命时代的中国》，第 44 页。

2 参见刘东、文韬编:《审问与明辨：晚清民国的“国学”论争》，上下卷，北京：北京大学出版社，2012 年。

儒学的命运在1980年代的逆转伴随着经济、社会和政治（我更想说空间上的）条件的根本改观。一夜之间得到改变的并非是儒学的内容，而是就现代性问题而言对儒学内容所作的评价。杜维明这位最活跃的儒学人士在哲学上认定，儒学复兴是新儒家对儒学重新阐释的直接后裔（这并不意味儒学要受到后者的限制）。一直被视为中国现代性顽固障碍的儒学，一夜之间变成了可供他人效仿的现代性力量。[1]

实际上，撇开那些在史实上的疏失，我们毋宁更加宽容地看到，德里克的潜在推演逻辑还在于，既然当代的儒学已在全球化的进程中，开始跟西方的“发展主义”发生了混杂，那么，他自己出于马克思主义者的本能，就一定要揭穿这两者间的连带关系。正因为这样，他就要坚持去指出所谓“传统”的当代性：

除了一些极端的例子，传统已经不再是向过去看齐的保守主义的领地。对传统的召唤越来越多地被用于建立替代性现代性的主张（但很少是对现代性真正意义上的取代）。这些主张并不是指向过去，而是经由过去，

1 阿里夫·德里克主讲:《后革命时代的中国》，第108页。

最终指向未来。它们甚至从社会主义中接过了一项任务，为那些被资本主义现代性所压迫或抛弃的传统进行辩护，并指向了未来的各种不同的可能性。[1]

也正因为这样，他更要坚持去反对当代的儒学乃至（中国的）国学：

我认为，1980 年代的儒学复兴可以被理解为对两种话语的阐述：作为正在浮现的全球资本主义之功能性组成的儒学话语，以及作为中国知识分子身份认同问题的儒学话语（先于前一种话语）。正是前者为后者提供了一种思想空间（以及推动力），并且为这一进程重新定向（如果不是将儒学完全吸收了的话）。[2]

而沿着上文中留下的伏笔，同样是出于这种思想上的“任性”，他就把批判的矛头对准了另一位姓“杜”的学者——

就杜维明对儒学的信奉来说，他在全球文化中给予

1　阿里夫·德里克主讲:《后革命时代的中国》，第 142 页。

2　同上引书，第 108 页。

> 儒学这一位置和声音，我们是完全可以理解的；但是我们必须记住，他通过儒学阐述的全球文化，自始至终都充斥着欧美的文化霸权和植根于全球资本主义的支配关系。[1]

尽管我们也可以说，这就好比是大象闯进了瓷器店，让所有娇嫩的细节都成了可怜的牺牲品，但我们反过来也可以说，相对于国内的马克思主义者来说，由于他对资本主义的天然仇视，德里克又总是显得更加敏感和透彻：

> 在杜维明道家式的农业乌托邦想象中，他引人注目地将儒学表述为一种现代化的全球意识形态，并加强了后者的霸权地位。儒学本来可以用于批判现代性，但是通过定义儒学的"核心价值"，杜维明和其他学者却有意回避彻底批判资本主义，反而将儒学呈现为资本主义疾病的"补救办法"。这样一来，儒学便被转化为"社会工程"的一个工具，它为公司和家长制家庭输送更合作（和驯良）的公民。[2]

---

1 阿里夫·德里克主讲:《后革命时代的中国》，第 136 页。

2 同上引书，第 151 页。

由此就需要再来比对一番，因为我也同样关注过这类现象：

> 进入90年代以来……尽管并没有进行公开的理性的清算，大家却不约而同地盯住了东亚的奇迹，而海外华人学者从历史层面（余英时）或现实层面（金耀基）对于儒家与资本主义精神之契合（或部分契合）的论证，乃至罗伯特·贝拉的《德川宗教》一书，一时间也在不胫而走……于是又一件趣事就发生了：尽管摆在鼻尖上的不争事实，推翻了从韦伯主义出发对儒家文化判处的死刑，可做出此种误判的法官却威信不减当年，反以另一种姿态再度“降世”了。这一次韦伯主义是针对东亚区域和华人社会的奇迹，开出了经济社会学的解释框架，以便在考虑经济曲线时纳入文化变量的参数（比如“勤劳”“节俭”“忍耐”“重视教育”“团队精神”等等）。由此一来，他那本名著的标题，似乎也已变换成“儒教伦理与资本主义精神”了。[1]

不过，即使是在谈论这类问题时，我也要对“传统”进行细心的辨析，以便能在讨论时保持足够的弹性：

1 刘东：“韦伯与儒家”，《理论与心智》，2001年版，第171页。

一方面，一个完整的儒家体系，不仅不会原生地产生“合理性资本主义”，还会对这种所谓的“合理性”进行价值挑战；另一方面，一个破碎的儒家社会，特别是其中被外援因子激活的世俗成分，却足以移植和继生这种资本主义。[1]

因此，沿着我本人的问题意识，实则大家是很容易发现，自从“合理性资本主义”进入中国以来，作为本土价值内核的儒家学说，就一直在从自身的“价值合理性”出发，对它进行带有根本性的反思，或者说，在揭示着这种“工具合理性”背后，竟又潜藏着价值实质的“不合理”。——就此，只需浏览一下梁启超写于上世纪初的论述，我们就足以找到确切的证明：

今世自由、平等、破坏之说，所以浸灌全国，速于置邮者，其原因正坐是，皆以其无碍手也。……故昔之陷溺利欲、弁髦私德者犹自惭焉，今则以为当然。岂徒以为当然，且凡非如是者，不足以为豪杰。……我辈生后先生数百年，中间复经贱儒伪学，盗憎主人，摧锄道脉，不遗余力。微言大义，流风余韵，澌灭以尽，人欲

1　刘东：“韦伯与儒家”，《理论与心智》，2001 年版，第 172 页。

横流，举国禽兽。而近者复有翻译泰西首尾不完、字句不明之学说输入，学者益得假以自文，欲举我神明千圣之学，一旦而摧弃之，而更何有于先生？[1]

所以，这里就不得不予以挑明，尽管德里克也很客气地说，自己打从内心就很是看重梁启超，但终究，梁启超之所以为梁启超，却恰是因为他不会像德里克这样来论述儒学：

危机在“五四”时期（1910 年代末及 1920 年代初）达到了高峰，新一代中国知识分子对儒学进行了全面的抨击，并认为它应对中国社会最基本的政治与社会问题负责。在这一过程中，知识分子质疑儒学在维系压迫的家庭结构中起到的作用。作为“万恶之源”，儒学压制妇女，并窒息青年人的独立性和创造性。为了拯救儒学，知识分子将它附会于欧洲现代价值观念。然而，当作为哲学体系的整体性受到损害时，儒学进一步瓦解了。最后，儒学除了成为维系中国文化记忆的情感纽带之外，什么也没有剩下，而中国文化在当代世界中也变

1 梁启超:《德育鉴》，北京：北京大学出版社，2011 年，第 12 页。

得毫不相关了。[1]

反过来说，又毕竟只有像梁启超那样，越是看到了资本主义精神的高涨，就越要坚持去恢复儒学的精神，儒家自先秦以来就挑明的“义利之辨”，才有可能重新被纳入现实的生活中，去成为抵抗或对冲资本主义的力量。——如果能够看到这一点，那么，就没有理由像这样再去夸张资本主义与儒学复兴的连带关系，甚至干脆把儒学乃至儒学的抗议也看成资本主义的一部分了：

> 就儒学复兴而言，它与当代权力结构的关系是直接而且明确的，因为在当下得到复兴的正是不同社会的意识形态遗产，这些遗产在全球资本主义中占据了统治地位，并在某种程度上成为衡量全球资本主义特征的标准。儒学复兴同时让我们注意到，文化“边地”这一后殖民知识分子的乐土，不仅滋生了激进文学与文化批评家，而且催生了那些在文化上具有复杂取向的知识分子，他们在资本主义新形态中充当了权力掮客。[2]

1　阿里夫·德里克主讲:《后革命时代的中国》，第 103 页。

2　同上引书，第 102 页。

当然，正由于国家后来又富强了起来，才更有信心去检点被掩埋的家藏，而不再像当年的全盘西化论那样，只把本国的传统当成落后的渊薮，这样的心情也是的确存在的。然而，即使那样也并不意味着，儒学的复兴反而是跟资本主义同步的，甚至就连其精神上的创造力，都是由起飞的资本主义来激活的。——事实上，沿着前边对于梁启超的引证，还可以举出“新儒学三宗”即熊十力、梁漱溟、马一浮来，还可以举出“海外新儒家”即牟宗三、徐复观、唐君毅、张君劢来，而他们生命中最为旺盛的创造期，全都焕发在东亚的经济起飞前。而反过来说，偏又是在当地经济的进一步发展中，这些学者在海峡对岸的传人，又几乎全都熄灭了创造的活力，只是困守在斤斤于学术规范的一隅；所以，这种令人担忧的晚近发展，也恰跟德里克的描绘大相径庭。

更为重要的是，如果我在新近出版的著作中，是在强调“带着警觉去加入全球”，而我这种警觉又在很大程度上，正是来自儒家文化的主体性，来自它打从轴心时代就提出的价值标准，那么，德里克在这里就以他的论述，反把我们的手脚都给缠绕住了。这样一来，尖锐的问题就自然要被提出：如果我们在不得不加入全球化进程的同时，又不能去同步地恢复自己的传统，那么，中国还能拿出什么积极的东西来，去哪怕是部分地抵抗和对冲资本主义的负面效应呢？——进一步说，如果全人类在今后都不能从各自的文明中，汲取相应的观察、判断、智慧和选项，那么，他们又怎么提出再从当代困境中解脱的方案呢？

由此可知，正是在诸如此类的判断上，出现了截然不同的价值选择。——作为毕生从事人文的学者，我本人从未把对于“文化”的谈论，看得太过消极和可有可无；相反，我倒是把人类的经济活动本身，也像马克斯·韦伯的做法一样，视作人类特有文化活动的一种，从而得以把今后人类的救度之路，寄托在各个文明的“文化间性”之上：

> 只要中国文化尚未走到尽头，它就必然包含着对后学的无尽期许，要求把这种讲谈活动继续延伸下去，不光延续到我们，还要延续到我们的后人，以及我们后人的后人，——而且不仅要去“接着讲”，还更要进一步去“对着讲”；甚至不光要跟古代的西学（佛学）“对着讲”，还更要跟当今的西学“对着讲”。我们相信，正是在这种持续的学术对话中，人类社会中的相反相成的两种力量，即收束与开放、聚敛与流失、天理与人欲、良知与功利、利他与利己，好古与尚今，才会在文明内部构成良性的张力。而且，又只有让这种张力保持下去，才能自然而然水到渠成地，在我们的研讨与讲谈之中，缓缓流淌出中国文化的现代形态，乃至于中国文化

的未来形态。[1]

而德里克的判断刚好相反，他不光认定了“文化”并无积极意义，还更进一步地批评说，即使是后殖民浪潮中的“文化”复兴，哪怕它挑明了要去对抗欧洲中心论，也照样有碍于抓住那个最后的恶魔：

> 这些论点都关注欧洲中心主义的问题，却回避了资本主义的问题，并且将分析局限于抽象的文化、民族或文明价值的层面，从而忽略了科技价值全球化以及随之而来的文化实践所导致的重要变革。这些文化实践在很大程度上都与资本主义的普遍主义紧密相关，而不论资本主义如何改头换面以适合本土的需求。欧洲中心主义的普遍性主张或许已经死亡。但是我们很难对资本主义文明下同样的结论，它在过去创造了欧洲和北美，而当前仍然统治着世界，尽管它的起源可能早已被遗忘或忽略。[2]

---

1 刘东：“意识重叠处，即是智慧生长处：梁启超《德育鉴》新序”，《德育鉴》，第21—22页。

2 阿里夫·德里克主讲：《后革命时代的中国》，第285页。

这样一来，尽管在我当下所处的场域中，就此发起言来不能不有所顾忌，然而像这样的对于某种立场的坚守，终究还是难以让人信服和佩服的。——这是因为，哪怕我们只是从马克思主义的营垒中，想到了葛兰西有关“文化霸权”的论述，或者想到了伯明翰学派对于“文化研究”的开拓，也并不难油然地联想到，即使是他的稍有灵活性或现实感的同志们，也不会在历史观上去如此地固守“物质”的生产，和在文明论上去如此地小觑“文化”的因素。不管怎么说，这都不会是对于马克思主义的一种拯救，因为这种古典物理学式的，或曰无穷后退式的还原主义，虽则看似具有彻底的批判力度，却会因为忽略了人类的总体能动性，也对社会中多元因素之间的互动视而不见，到头来反而只能陷入对于世界历史的绝望，其实跟遁入空门的虚无主义并无差别。

但话虽如此，我们还是要相信“兼听则明”的古语。——也就是说，即使我们已经算是看透了，德里克出于自己的宏大推演，不可能对于被我们所钟爱的文化，持有哪怕是最起码的、往往会来自汉学家的同情，然而他这种千方百计的挑眼，也并非对我们什么益处都没有。至少，他可以帮我们照照镜子和敲敲警钟，以免真的沦为了他所担忧的样子。比如，当我们从他笔下读到这样的句子时，就理应警觉地回望一下儒学的最新发展，是否存在着正跟资本主义同流合污的苗头：

> 对文化差异的确认并不一定带来好的或者可取的政治，因为它们可以同时为保守与进步的政治服务。只看到差异的表面价值使我们陷入伦理和政治的相对主义，并受到重视差异的公司企业的摆布。[1]

再如，当我们从他笔下读到这样的句子时，也理应谨慎地省察一下国学的晚近复兴，是否于无意间偏好鼓励了狭隘民族主义的上升：

> 我们可以抛弃民族国家、文明、大陆及其他东西，因为它们在某种层面上来说都是建构的产物，但是我们不可否认，尽管遭到众多的批判，它们仍然拒绝退场，部分的原因是由于它们在文化和政治现实中的重要性。另一方面也是因为它们在政治和文化的无意识层面仍旧占据重要地位。这种无意识还包含了学者的无意识。[2]

这样一来，也就回到了我在写作本文之前的那种思绪，也即“国学如何走向开放与自由”。而这里所讲的“开放与自由”，当

1　阿里夫 · 德里克主讲:《后革命时代的中国》，第 67 页。

2　同上引书，第 186 页。

然也包括就国学的定位与前途问题，去跟普天之下的知心朋友展开探讨。正因为这样，尽管我并不能全然同意他的判断，认为他没有看到问题的全部复杂性，但我仍很喜欢像德里克这样坦诚己见的朋友，并且很乐意把他邀请到清华园里来，让他畅所欲言地发表自己对于国学的见解；正如他虽然也不能全部同意我的看法，却仍邀我写作了有关国学的那篇长文，并亲自组织把它译成了英文和法文，然后再附带着发表自己的不同看法。——我认为，这种宽广的交流、宽容的倾听和宽松的议论，最是符合梁启超当年创办“讲学社”的初衷，而在德里克和我之间的这种深入开掘式的讨论，也正是在继续推动那同一项伟大的事业。

2015 年 5 月 11 日于清华学堂 218 室

传统的毁弃与更生

——关于当代文化问题的对话

传统的毁弃与残存

问：您曾说传统就像空气，只有在它被污染之后，我们才会觉得它重要，只有在它遭到毁弃之后，我们才会感受到它的报复。您所谓的报复指什么？

答：最起码的，老太太倒在地上了，总得抢上去扶一把吧？可你真要这样做，社会就得有个潜在的传统。所谓“恻隐之心，人皆有之”，看见老人跌倒而不扶，对于孟子那个时代的人，那根本是不可能的，因为通过长期的教化，这已变成人们的习惯甚至本能了，也不会有人怀疑你说，没你的事儿干吗要扶？现在却不一样了，第一个不扶老人的案例发生后，你确实会感到惊讶，因为你发现传统变稀薄了；后来你干脆又发现，大家普遍都不敢扶老人了，也都见惯不怪了，这就说明传统干脆消失或衰微了。

为什么？恐怕主要还在于一部分老人，他们年轻时是红卫兵，不仅没有受到传统的教化，还“打砸”过教化的传统；现在他们虽然年龄上变老了，却并没有老年人的慈眉善目，很可能反过来讹你一把。所以人们才会说，不是“老人变坏”了，而是“坏人变老”了。

再举个例子。在这样的背景下，我们的前任校长曾经提议，让清华国学院也办个少年班，我们就不敢接下这任务。那还不是因为，现在的人心没法提供支持了？所谓少年班，无非是要招收超常的孩子，而这事又全由主考老师说了算，这样一来，你此后就没有好日子过了。第一，那得有多少家长找到你，要你看看他们的孩子怎样？那你自己还做不做学问？第二，在国学方面超常的孩子，在其他方面又难免偏科，比如不大喜欢奥数等，甚至有可能愤世嫉俗，所以只要想来挑毛病，就总能找到他们的麻烦。再说，哪怕你挑选得再对，也要很多年后才能验证，可网友们能管那么多吗？比如，钱锺书当年考清华，外语得了 100 分，数学得了 15 分，按规则是不该招的，而清华偏偏就招了他，后来虽说仍有偏颇，也总算成了一代宗师。可是，现在要招这样的学生，正由于传统已经太稀薄了，人们总是不吝以坏心度人，那就不会被传为美谈了，只会来被猜忌甚至“人肉”。所以你看，一旦丧失了基本的传统，那就像是失去了空气，做什么事都困难了，就连喘口气都困难了。

当然，如果再往积极面来看，传统一方面确实被毁了，可另一方面还仍然残存，而这又是我们的基础与转机。实际上，对于能不能扶老人，人们之所以感到纠结，就是因为现在的沉重现实，跟他们的道德情感在打架，而这种情感正好来自传统。再者说，要是传统全都荡然无存了，那么打个比方，刚过去的“双十一”购物节，也就不可能被发展出来了，失去了基本的信用支撑。简单地说，是世俗儒家的小传统，还没有被彻底葬送，这才能支撑起电商的发展；只可惜，精英儒家的大传统，却已被毁弃得太厉害了，正所谓“黄钟毁弃，瓦釜雷鸣”。一方面，如果精英的儒家还在，那还是不能赞成这种单向度的现代化，它把消费主义看成唯一目的，而这同传统的“义利之辨”正相反。另一方面，作为底层的社会心理，世俗的儒家毕竟还残存着，它克勤克俭、隐忍平和、重视教育、讲求信用、看重血缘、尊敬权威。所有这些文化心理要素，都被人们视作了理所当然，其实也包括那些否定传统文化的人，却不知那正是他们的文化前理解，而且也正是这样的文化特性，才支撑了对于现代化的移植，才构成了当代生活的隐秘地基。

当然，如果把眼光放得更长远，就不能只看一时的经济指标，更要从历史的隐秘处看到，就文明发展的后劲来说，文化大传统的基本毁弃，还是使我们的民族损失惨重。人们往往误以为，儒家是服从政治威权的，但其实只有世俗儒家，才会倾向于盲从权威，而精英儒家则并不盲从。在历史上从来就如此，任何一位儒生只要把学理读进去了，他就会更加服从道义的召唤，哪怕为此而舍生取义。而到了近现代的历史中，我们就不去说陈寅恪、梁漱溟了，他们的大无畏姿态，构成了20世纪下半叶的最强音。就是最反对本土传统的鲁迅，他临死前提出的那几类人，什么“拼命硬干的人”，什么“为民请命的人”，什么“舍身求法的人”，如果拿到历史上去对照一下，难道不都是最纯正的儒者吗？

最跟两位先生对接

问：传统文化有什么内在的优越性，能够回应当代社会的尖锐问题？

答：一方面，不能笼统地否定固有的传统，因为中国文化有很多优点，比如我经常强调的一点就是，它由于受到了儒家思想的范导，而具有“无宗教而有道德”的特征。另一方面，也不能笼统地主张向西方学习，因为寻常所讲的西方文化，由于地理上的偶然原因，其实是由“两希文化”杂凑而成的。在这中间，如果希腊文化是重视现世、多元、科学、民主，那么，希伯来文化就在注重绝对超越的一神教，两者在历史上就未能融合好，到了当代更像油、水一般地分离开来。四百多年以前，利玛窦来中国传播西方的基督教，可他采取的策略却是，也同时把西方的科学给带进来，那意思好像是在说，我们有了如此发达的科学，都还在相信这些讲不通的东西，难道你们还不愿相信它吗？然而，中国的上层士夫的心灵，却是受过先秦理性主义清洗的，在头脑中都预装了孔子的教诲——“未知生，焉知死”，和“不语怪力乱神”。所以弄到最后，他们还是自行从西方文化里，总结出所谓“德先生”和“赛先生”，而那却都是来自希腊的东西。

问：但是佛教在中国生根了，这是为什么？

答：一方面，前边的话已经意味着，在“religion”意义上的宗教，严格讲只有“亚伯拉罕宗教”，也就是犹太教、基督教和伊斯兰教。由此，你也许就应当转念想到，佛教并不是那种意义上的教义，特别是，释迦牟尼本人的理论，而不是后来的世俗化，只应被视作一种理论或学说。另一方面，由于经过了太长时间的消化，这种教义也就越来越中国化了，更像是依附在中国文化上的、被特别设计出来的补充。试想，中国人原本是那么入世，那么，即使偶然去一趟山林中的寺庙，也算是“平生难得半日闲”，而且即使去往了那里，也并不是为了出世的目的，反而是为了增加世俗的幸福。佛学本是主张“四大皆空”“六根清净”“六亲不认”的，然而绝大多数的中国人，去那里却怀着现世的欲望，尤其是为了能香烟后代、多子多福。所以，佛教在中国已大大变味了，成了现世主义的一种寄托，也支撑着民间社会的信念。

另外，回到你先前的问题，正因为是在主张现世主义，而又能“无宗教而有道德”，所以你屈指算算，从轴心时代走来的这几大文明，有哪个是能一脉相承地发展至今，而又能同科学和民主无缝接轨的？恐怕也只有沿着先秦理性主义走来的中国文明了吧？所以在我看来，在这种“中国与希腊”的文化亲和性中，潜藏着极为重大的未来前景，只可惜人们往往一叶障目，短时间内很难意识到这一点。

中国文明的“无宗教而有道德”，跟苏格拉底所讲的“知识就是美德”，也同样具有这样的亲和性。实际上，人类的道德之心，原是在从猿到人的演化中，随着环境变迁而自然生成的，而研究这种道德的伦理学，原本也只是人间的、现实的学问。如果要调节两个人之间的关系，或两个主体之间的关系，只需这两人经过反思和论辩，便可以找到共通的结论。比如，当孔子说出“己所不欲，勿施于人”时，那完全是顺着道德直觉脱口而出的，根本不必引用什么天条或戒律，却又属于颠扑不破的、千古不磨的断论。而且，从这样的“道德金律”出发，也根本不必再预设一个超越者，让他在天上死死地盯着，为此还要先把我们预设为“罪人”。慢说这种想象中的天神，原本就属于莫须有的东西，即使姑且设定它的存在，那么按照儒家的道德学说，要是只有被别人盯紧了，才愿被动地去做道德的事，这本身就已经很不道德了。

所以，对于中国文化中的价值，不能采取太过功利的态度，尤其是不能拿它当作“维稳”的统治工具，否则就实在是焚琴煮鹤、买椟还珠了。那样的做法，一定会把国学也给“玩坏”的，而现在就很有这样的苗头了。必须从更高的层次看到，儒学真正能向我们提供的，是一个独到的人生解决方案，而且，即使把它拿到世界范围去，跟那些被当作天条的信仰相比，儒学的方案也仍有充分的理由，甚至也仍有它独特的优长。

重建全社会的道德

问：在儒家思想和社会现实之间，应当是一种什么样的关系呢？

答：当然话又说回来，再从现实的关切出发，如果能够按照儒家的理念去生活，让观察的角度更加立体化，整个社会也自会安定得多，人和自然的关系也会融洽得多。而现在，由于受到了科学主义的影响，就只想用科技手段去解决问题，比如生态恶化本是技术发展所致，你又想用另一种技术来纠正它，没想到新的技术准会带来新的问题，到头来就只有像发达国家那样，再把污染源头转嫁到别国去。这怎么能真正解决问题呢？大家怎么就没想到，还可以通过转变人生的态度，提倡幡然悔悟的生活方式，来更加彻底地也是更合道德地解决问题呢？你看在现代化的运动之前，正因为工具合理性还没有恶行膨胀，还没脱离价值合理性的制约，虽说几千年来都在留恋现世，可老祖宗也并没把生态给弄坏，他们身上有很多传统的美德，比如亲民爱物，物吾与也，钓而不网，弋不射宿，连一张写有文字的字纸，都要以诚敬之心来尊重爱惜，哪里会像现在这样去炸鱼、电鱼、竭泽而渔呢？

当务之急是，如果要在价值方面返本开新，去重建全社会的道德生活，那么现在的教育就必须改进。比如，正像你刚才向我提问的，都已弄得连老太太都不敢扶了，那就说明现有的道德教育“出大事”了。既然如此，为什么还不反思现在这种空洞的政治课呢？你把它充实扩展成为公民道德课，行不行呢？真正的要害问题在于，你如果只引导学生们去想，他们都只是物质意义上的存在，从天性中就只会追求物质利益，那么等他们进入社会以后，能不发扬这种“恶的本性”，能不利欲熏心、蝇营狗苟吗？为什么不去教教传统的“义利之辨”呢？为什么不让他们记住，正所谓“不义而富贵，于我如浮云”，所以即使在这个现代社会，也需要“先明道义、后讲功利”呢？为什么不能让他们记住，正所谓“民吾同胞，物吾与也”，所以即使有那样的物质条件，如果过分地放纵物欲和消费生态，也仍然属于一种道德缺失呢？事实上，只有总是由这代人去告诉下代人，做人就应当父慈子孝、泛爱众生，这个社会才能保持基本的祥和，而人们才能过得上善好的生活。一旦有意无意地去宣扬，人生不过是物质上的“块肉”，所谓“天下熙熙，皆为利来，天下攘攘，皆为利往”，那么，不要说由他们所组成的社会了，就是原应由世代来共享的大自然，也会被他们弄得山河变色，暗无天日，难以为继。

家庭作为一种文化

问：中国的文化脉络是否已经发生了断裂？您怎么评估这种情况？

答：这种文化现象，包含了各种各样的断裂情况。比如，从最小的社会细胞说起，尽管家庭作为社会组织还在，然而家庭作为一种文化细胞，实际上已经基本断裂了。这一点对于儒学特别致命，因为儒家文化正是建基于家庭之上的，它要求孩子在这个最小的社会细胞中，通过操演而逐渐习得社会情感，再把它扩张到更大的社会组织中去，也就是说，儒学不光要求去“修身”“齐家”，还更要去“治国”“平天下”。而现在，由于种种的不合理原因，这种家庭文化早已经断裂了。比如，长期推行的独生子女政策，就在无形中带来了巨大挑战。古代人原是很讲究“孝悌”的，可现在谁都没有兄弟姐妹，那还怎么来操演这种德行呢？

进一步说，还不光是在同代人之间，儒学要强调“兄友弟恭”，并把这种情感推向社会；而且在代际之间，儒学又强调“父慈子孝”，并也把这种情感推向社会。不消说，在后边的这一种关系中，儒学还特别强调“子孝”的一面，这曾经引起过不理解的喊叫，特别在参照了西方的“原子化”以后。可现在，我们已经可以看得更清楚了。实际上，全力去呵护自己的下一代，是连动物都具有的天性，这才不必去特别予以强调，文化性正是要提升动物性的。你看现在这些“小皇帝”，长那么大了还在“啃老”，而他们的父母还心甘情愿。这当然也表现出了人性的侧面，然而，这却并不属于正常的文化。正常的文化总要有道德约束，而道德又总要跟自然趋向相逆，总要反过来强调牺牲精神，总要对人们进行后天的教化。也只有这个，整个社会才有交互的作用，在代际之间才具有公平性。无论如何，要是以过去的眼光来看“啃老”现象，那简直是不可思议的，简直是太无天良、太不孝顺了。父母为孩儿操劳了大半生，所以等到儿女成年之后，那正是他们应当“反哺”的时候，而现在把这些全都弄颠倒了！

问：年轻人啃老，也是被逼出来的吧？比如刚工作没几年，就要买房子，一般人哪拿得出那么多钱来？

答：这问题应当反过来看。常能看到这样的房产广告——

“丈母娘同意了”，因此也就常有人这样说，是中国的“丈母娘推高了房价”。那么，为什么其他国家的丈母娘，没这么暗中帮助房地产商呢？那当然是因为，人家总还有相对正常的文化。当今中国的怪现状却是，既然家庭不再是一种文化了，人们就只具有原始的天性了，而只要顺着这种原始天性走，哪怕只是受命于体内的催产素，老的就更倾向于要呵护小的，而不是由小的来供养老的。正是在这样的社会环境中，丈母娘为了呵护自己的女儿，就会对房子提出过高的要求，而且她们也同时就料定了，公婆为了呵护自己的儿子，也会心甘情愿地让他去“啃老”，而不忍心看他去“打光棍”。更重要的是，开发商也早已料定了，会有那些省吃俭用的爹娘，甘愿为自己的孩子掏腰包，哪怕是掏出养老保命的钱，不然他们怎敢如此地抬高房价。要是在一种正常的国度，就算哪个资本家再贪婪、再心狠，也不敢这样去抬高房价，甚至能达到年均收入的几十倍、上百倍，除非这个开发商自己想跳楼！

应当看到，所有这一切“目睹之怪现状”，都是以牺牲老一代为代价的。如果你有机会到国外去，就能看到相当强烈的反差，并由此看出国内的不正常。比如到唐人街去吃饭时，你会发现相邻的大圆桌旁，大部分都是乐呵呵的老年人，他们现在已经告老退休，也不再背负房贷的压力了，所以比起他们的孩子来，生活压力算是基本消失了，可以从容地享受最后的时光。可是，一旦回到中国的饭馆里，邻桌食客就几乎全是年轻人，他们才是餐饮业的主要顾客。那么，一边要求父母去节衣缩食，牺牲生命中的最后时光，另一边仍不忘去享受美食，个个都还这么心安理得，这能算是一种正常的文化吗？

教育更是斯文扫地

问：现在除了家庭文化之外，还有哪些方面的传统也断掉了？

答：孩子们一旦走出家庭，随即也就要步入学堂了，不妨再接着谈谈教育机构。实际上，教育传统和学术传统，也同样是被相应地毁弃了，至少是在相当程度上式微了。在正常的社会环境中，正因为这个社会要延续下去，就需要有所损益，需要自我更新，所以它所建立的教育机构，反要跟它拉开一定的距离，然后再跟它展开对话，并向它输入秉持理念的社会成员。这样的传统在中国，至少从孔子的“学在民间”开始，就已经历经艰难地建立起来了。也只有这样，当受教育者再从这里走上社会时，他们在内心禀有的理念，才会跟他们所面对的现实，产生出或多或少的距离，这才算是给社会带去了新鲜血液，足以矫正得社会去向理念靠拢。无论如何，现实的实践是有条件限制的，历史长河也是会“打个弯”的，而理念本身是不会出错的。正因为这样，就应当时刻都不要忘记，必须用理念来修正历史和现实，哪怕一时还不能完全做到，你自己的心念也不要因此而泯灭。

可惜的是，现在的情况却刚好相反。首先，最可见出“斯文扫地”的是，教育者本身就被无情地修理了。学校里，经常会有新的办法出台，憋足了劲想要管理教书的人。本来，仅仅由官方而不是由民间，来设立主要的学术研究基金，这本身就很容易带来弊病。而现在的主政者还不知收敛，在这基础上制定了“奖上加奖”的制度，就更增加了这方面的荒谬性。按道理，要是有些人不怕麻烦，去申请了这样的研究资助，并且获得了额外的支持，那么，就应在此后的职称评定中，以一种“减分”的原则予以考虑，因为他们毕竟需要额外的花费，增加了纳税人的财政负担，这就不如那些没有申请项目，而默默无闻地进行学术研究，也同样得出了相等成果的人。可是，现行政策却出于“控制”的目的，不仅没有实行这样的“减分”的原则，反而倒过来施行了“加分”原则，对于没有去申请这类基金的人，反而样样都另眼相看，这如何能鼓励独立自主的学风，如何能让学者去“十年磨一剑”，如何能鼓励他们真心热爱学术？也正因为这样，学术传统和教育传统都中断了。要是搁在过去，哪个稍有点自尊的读书人，会像现在这些教授那样，既没有思想，也不打算思想，却又急于写作、以量取胜，巴望着上面能分给一点可怜的余唾？

与此相应，学生那边的问题就更大了。他们原本就没经历过

80年代，连对于思想解放的残存记忆都没有，如今再去听命于僵硬的指挥棒，就显得比老师还要“老成”，所以不再是“社会化不足”了，反而显得是“过度社会化”了。由此导致，只要老师的授课稍微难一点，或者老师要求得稍微严一点，他们就油滑得宁可不选，哪怕也照样钻到教室里蹭课，反正哪里还混不到几个学分？这样的学生，简直都等不到再走上社会，就已经变成“社会油子”了，哪还能指望他们到毕业以后，再去跟社会进行协商磨合，由此而促进社会的进步？当然在这个意义上，也可以说社会在修理了他们以后，他们又反过来修理了社会，或者报复了社会，让它不再有可指望的前途了。

“学在民间”的重要性

问：如想续接已断的文脉，要做哪些方面的改变？

答：如果单就教育方面而言，我想当今中国面对的最大问题是，私立大学一直都没有搞起来。只要是缺少了这一个变量，大学就有可能总是这个样子，甚至还有可能会越来越糟糕。在名义上，政府当然应当代表“公益”，可实际上，正如马克思所尖锐指出的，它往往又是个特殊的利益群体，所以只要弄得不好，特别是，只要是缺乏民意的监督和渗入，它就会更考虑片面的自利，就更要考虑自身的一时稳定，而顾不上民族文化的后劲，更不管什么看不清的未来。可是，一旦出现了像样的私立大学，情况就有可能向好的方向转变了，因为教育的要素开始变得多元了。也就是说，一旦私立大学挑起竞争了，即使是公立大学，也就不敢再办得像个衙门了。大洋对岸的情况就是如此，你看加州伯克利虽属州立大学，但由于它的背景是常春藤大学，而常春藤大学都是私立的，就使得在美国即使是公立大学，也照样能办得有声有色。当然，你如果到两边去讲学，还是会发现很多微妙的区别。

另一方面，即使只就中国的高等教育而言，也不是没有成功的经验可谈。我最近重新推出了一本书，并为它写了长篇的导言，那就是“西南联大国文课”。我在那里边明确地提出，面对西南联大留下的遗产，最让我们汗颜的还在于，尽管如果就办学的条件而言，它大概除了“自由”二字之外，在任何条件上都远不及今天，然而，单只这一个关键性的强项，就仍使这所学校的成材率，大大地高于当今的学校，包括后来又由它拆成的清华和北大。在我看来，这也就决定性地回答了所谓“钱学森之问”，即“为什么我们的学校——特别是跟大师辈出的民国时期相比——总也培养不出杰出的人才”。

当然，还有一点需要细心辨察的，就是绝不要沿着全盘西化论，一旦说到西南联大享有过的自由，马上就把它归宗给外来的自由主义，误以为那准是当年的唯一资源。应当更全面地看，发现支撑着联大的精神资源，更是来自中西之间的会通、交融与增效。刚才已经说过，其实精英儒家从来都不曾盲从，倒是很强调个人的人格和风骨。也正因为这样，一旦陈寅恪、梁漱溟等人了解到西方的自由观念，他们才会以“正中下怀”的态度接受它，从而才会在20世纪下半叶，以孤独的甚至是绝望的反抗，唱出了中国读书人的最强音。而在西南联大的“纪念碑文”中，冯友兰也引用了《礼记》中的“万物并育而不相害，道并行而不相悖”，并说明“斯虽先民之恒言，实为民主之真谛”，这也同样能说明这个问题。

怎么看“文化主体性”

问：包括您在内的很多学者，都主张中国要有自己的文化主体性，那么，所谓文化主体性指的是什么？

答：如果接着刚才的话题来谈，那么这个“文化主体性”的概念，就应是“文化传统”的另一种表达，或者说，是对于“文化传统的自觉意识”。正由于本土历史的应有连续性，被来自西方的剧烈冲击给阻断了，而原有的那个文化共同体，也在外来的碾轧下失序了，这才使得人们蓦然回首，发现自己正受到“传统丧失”的报复。在这个意义上，事实上这一次的国学热，还真不是自上而下形成的，倒是老人们听“百家讲坛”听出来的，属于

“礼失求诸野”式的自我修复。在我看来，这一点具有很大的启示意义。它在一个礼崩乐坏的紧要关头，再一次胜于雄辩地证明了，对于规范中国民众的道德而言，正因为他们是没有宗教概念的，所以中国文化的固有价值，乃至于它的那种言说方式，都不光仍然是最有活力的，而且可能是最有效验的。

另一方面，如果再放宽眼界来看，特别是从跨文化视野来看，这种“文化主体性”的说法，更属于一种具有全球性的说法，正好应对着当今的全球化潮流，根本就不是哪个国家特有的事。正因为这样，如果有人还在迷惑不解地问，既然这个文化都不存在了，哪里还有它的什么主体性？那么，这种说法就太缺乏历史感了，也太过静态和消极了。这就好像是在说，既然历史已然犯下了错误，就根本不必去幡然改正了。可事实上，民族意识一旦被压弯了，就像伯林的那个比方一样，是会像树枝一样奋起反弹的。这同样是个全球化的现象，正如罗兰·罗伯逊所指出的，“全球化是存心怀旧兴起的首要根源。更具体地说，正是在19世纪后期20世纪初期迅猛加速的全球化这一起飞时期，目睹了发明传统这种强烈欲望的盛行”。正因此，就需要引进更加积极的概念，那正是我的一本近作的标题——“再造传统”。当然，应当平衡地意识到，这里所谓的文化“再造”，是指向“中国文化的现代形态”。也就是说，一方面，它必须吸收外来文化的营养，必须跟世界潮流沟通与叠合；另一方面，它仍要继承中国文化的辉煌，也仍然要在有所损益的基础上，表现为传统的激活和历史的延续。

最后要说的是，其实“主体性”正是同“主动性”相连，所以，但凡想要否定“文化主体性”的人，也就肯定看不到“历史主动性”了。过去很多年，我们就是吃这种片面认识的亏，总以为只有彻底地砸碎旧世界，才能真正地创造出新世界，却没想到一旦历史被割断了，人们的道德水准就都掉回丛林了，到头来就只能“播下龙种，生出跳蚤”。可就算是这样，为什么还有人这般执迷不悟？那正是因为，在他们身上也有一种连续性，如果不是跟激进的革命话语的连续，那至少也是跟舶来的西学话语的连续。而在这个意义上，就像我早就提醒过的，如果有人只读了一本《自由论》，就觉得这已经包含了全部的道理，那么，这就跟当年只读了一本《资本论》，就走出书房去进行社会批判，在思想方法上是完全一样的。正因为有了这种浅尝辄止，根本不想再去把书读完，人们面对当代中国的问题，才会提出两种背反的解决方案，要么把这种乱局归罪于传统，要么把它归罪于传统的丧失，从而要么想去呵护、弘扬和再造传统，要么继续去毁坏早已残损的传统。

说来说去，全部问题还是出在思想和教育上。而这也就意味着，如果我们还照这个样子来办教育，还在维护计划经济的上层建筑，就会把这种正在困惑着当代人的争论，再传递到我们的下一代或下几代去，让他们终究也要面对这样的争论，既悲观又不负责任地说——“我看中国人的苦还没吃够”！

2016年1月19日改定于三亚湾·双台阁

世俗儒家与精英儒家

一、“儒家”这个称谓，究竟是指一种学理体系，还是指一个文明结构，抑或两者都可以包括，这仍是一个有待认清的问题。在中华文明尚能自成一体的年代，或曰在全球化的冲击到来之前，依据“诸子百家”的内部参照系，“儒家”当然属于学理体系的一种。但是，一旦来到了跨文化的视野中，我们的文明就根据它的价值内核，也被冠上了“儒家”（Confucian）的称谓，从而成为跟“佛教文明”（Buddhist）、“基督教文明”（Christian）并称的一大文明了。

二、李泽厚老师在其创作的盛期，曾经发表过一篇“孔子再评价”[1]，此文在一个侧面上，或在某种程度上，应当算是接触到了这个问题。他在文章中既把孔子的思想描述为“个人人格”和

1　参见李泽厚:《中国古代思想史论》，北京：生活·读书·新知三联书店，2008年。

“人道主义”，也把它描述为“血缘基础”和“心理原则”，由此，这位先秦思想家及其身后的影响，大体就属于这四种因素的混成了。尽管引导的方向并不确定，但这些想法当年对我们是有所启发的。

三、不过，李老师的这篇文章却未能澄清，在那些纷然杂陈的要素之间，到底存在着怎样的内部关联，——比如属于特殊主义的“血缘基础”，究竟怎么和独立自主的“个人人格”相统一，又怎么去同属于普遍主义的“人道主义”相联系？正因为这种解释上的疏漏或断裂，他的这种“兼收并蓄”倒又让人觉得，儒家的思想显得过于庞杂与矛盾，似乎就连孔子当年也没能打通过。

四、进一步说，就本文的主要关切角度而言，李老师的这篇文章同样未能澄清，在那些纷然杂陈的构成要素中，到底有哪些是属于“世俗儒家”的，又有哪些是属于“精英儒家”的。当然，如果就我们阅读的印象而言，尽管也不能判然地划分开，但是李老师所讲的“血缘基础”，大概更贴近于“世俗儒家”；而他所讲的“个人人格”或“人道主义”，则大概更贴近于“精英儒家”；此外，他所讲的“心理原则”以及由此养成的心理结构，大概就共属于整个的文明。

五、以往对于孔子之后的学派分化，主要是根据韩非子的说法，把孔子的后学分作了八个门派，即所谓“自孔子之死也，有子张之儒，有子思之儒，有颜氏之儒，有孟氏之儒，有漆雕氏之儒，有仲良氏之儒，有孙氏之儒，有乐正氏之儒”（《韩非子·显学》）。如果基于这样的划分，那么，按照要么“学理”要么“文明”的标准，则偏于强调“心性”的孟子，就更是在探讨一种学理，而偏于强调“王制”的荀子，就更是在支撑一个文明。——我们由此也就可以理解，为什么儒家文明被西潮所解构之后，在同时舶来的“哲学史”的话语中，更容易留有一席之地的是思孟学派了。

六、不过，我们也很容易再联想到，既然上述各家都共属于儒家，那么它们在相互拉开距离的同时，又必然有其内在整合的一面。——这中间，既包括上述“子思之儒”与“孙氏之儒”的整合，或曰“内圣之学”与“外王之学”的整合，也包括儒家在其中心与边缘，乃至上层与下层之间的整合。不管怎么说，当儒学从一种观念或学理，逐渐扩展成为一个有影响的学派，乃至于一个占主导的思想流派，而终至于整个文明的内核与骨架时，就必然发育出复杂的内部架构。

七、正因为这样，我们才会看到，主要在操心着文明架构的荀子，会依据他本人的道德理想，在一个儒家社会的内部，视人们各自修为的不同，而设想出了相应的社会分工，用他的话来说正是——

> 志不免于曲私，而冀人之以己为公也；行不免于污漫，而冀人之以己为修也；甚愚陋沟瞀，而冀人之以己为知也：是众人也。志忍私，然后能公；行忍情性，然后能修；知而好问，然后能才：公、修而才，可谓小儒矣。志安公，行安修，知通统类：如是则可谓大儒矣。大儒者，天子三公也；小儒者，诸侯大夫、士也；众人者，工、农、商贾也。礼者，人主之所以为群臣寸、尺、寻、丈检式也。（《荀子·儒效》）

荀子还在同一篇文章中，提到过“俗人”“俗儒”和“雅儒”的区别，略等于前述“众人”“小儒”和“大儒”的划分。当然从感情上来说，荀子是不会倾向于“小儒”的，而且他写作这篇《儒效篇》的主旨，也还是在像主张“哲学王”的柏拉图那样，去想象、美誉和推举“大儒”。

八、不过，仍需特别留意的是，这样的“小儒”在荀子那里，却无论是怎样的“小”，怎样的尚嫌不够“理想”，也还终究还是要属于“儒”的范畴。而我们由此又可联想到，孔子当年在教诲子夏的时候，也早就说出过类似的话——“汝为君子儒，无为小人儒”(《论语·雍也》)。这段话当然大家都很熟悉，但不知有谁更仔细地想过，“谦谦君子”和“儒者”这两者，在大家心中当然是并不排斥的；可反过来，既属于“小人”又属于“儒者”，则毕竟显得有些矛盾，而这到底又意味着什么呢？

九、然而，这种由不同水准的儒者所组成的群体，以及由不同层次的儒者所组成的结构，却又是一种现实存在的事实。也正是因此，儒者们自身就构成了一个社会，所以我们从清末吴敬梓的笔下，也才能生动地看到那个同样是纷然杂陈的“儒林”。尽管他那本愤世嫉俗的小说，主要是在夸张地讽刺与暴露，可我们仍可以从它的行文中，既看到范进、匡超人、马二先生的形象，也看到庄绍光、杜少卿和迟衡山的形象……由此一来，我们对于如此庞杂变异的儒林，便已不能再保持道德上的洁癖了；然而反过来，我们对于儒者群体的构成，却又增强了相应的层次感。

十、上述纷然杂陈的人物谱，与其说是在互不相容地对立，毋宁说更像一排具有连续性的光谱。再联系到我在“论儒杨互补”中的论述，我们就应当转念去想到，如此林林总总的各色人等，应当是既参差不齐又错落有致地排列在从“大儒”（或“雅儒”）到“众人”（或“俗人”）的两个极点之间，几乎有着万花筒般的变幻可能。不过即使如此，一方面固然可以说，如果就社会层次和地位而言，世俗儒家是跟“俗人”（或“杨朱”）处在同一层面；另一方面却又可以说，世俗儒家在关切和操守上，毕竟还是属于儒家的范畴，尽管他们是“志忍私，然后能公；行忍情性，然后能修；知而好问，然后能才”，无法自律且需要进学，却仍跟“拔一毛利天下不为”（《孟子·尽心上》）的杨朱有着本质差别。不言而喻，在这两者之间所拉开的差距，大体也就等于荀子所说的在“小儒”（或“俗儒”）与“俗人”（或“众人”）之间的不同。

十一、由此在一方面，如果就儒家自身的结构分化来看，应当是精英儒家与世俗儒家的层次在并存，且在两者之间形成了依托与互动。而在另一方面，如果就整个社会的内在结构来看，则又有儒家思想与杨朱观念的双方在并立，且在两者之间同样构成了竞争与互补。毕竟，无论从传播学的角度看，还是从社会科层的角度看，在少量“雅儒”和海量“俗人”之间，由于在层次和境界上拉开的距离过大，并不可能经常发生直接的关联；所以儒家的价值取向，恐怕更多地还是要通过世俗儒家，才能“二传”到“俗人”或“众人”的层面。

十二、另一种复杂的缠绕性，或曰历史的螺旋性又在于：一方面毫无疑问，科举制度到了后世的创立，是既顺应了孟子“人皆可以为尧舜”（《孟子·告子下》）的理想，也贴合着荀子尊崇“大儒”的理想；可另一方面又不无吊诡的是，一旦科举制变成了基本的制度和主要的进身之阶，那么，得以爬过这样的晋升阶梯，乃至能高居于庙堂之上的人物，却仍可能暗中怀有“杨朱”之念，从而在本质上仍属于“俗人”或“众人”；或者说，充其量也只能算作“小儒”（或“俗儒”），远远达不到“不欺暗室”或“自在充满”的境界。我们从前述《儒林外史》的刻薄描画中，甚至从“二十四史”的各种记载中，可以清晰地看到这种复杂的发展。

十三、由此可知，即使在一个以儒家为主导的社会中，在观念上处于创造性地位的儒学学者，却未必就能在社会上居于高层。这种现实中的脱节与错位，就要求我们的思想界定也做出相应调整。这就导致，荀子当年所提出的“上、中、下”三分法，在反映着一般理解的日常语言中，已经越来越像是一种“理想类型”。——当然也可以说，既然就连在孔门的弟子中，也只有颜回才能“其心三月不违仁”，而其余人等更只能“日月至焉而已矣”（《论语·雍也》），那么，像荀子所说的那种“志安公，行安修，知通统类”的大儒，原本就只属于一种“理想人物”。

十四、正因为这样，越是发展到了古代社会的后期，我们就越是只能从思想层面来进行区分了：一方面，身为“精英儒家”的学者，会更加关切儒学的内部问题，更忧心这种学理的不稳定，更要澄清这种学理的模糊之处，从而在需要考验大节时，更有可能为之“舍生取义”；而另一方面，身为“世俗儒家”的人士，则更加恪守儒学的基本原则，更在意怎样去维护这样的原则，包括怎样去利用这样的原则，以达到个人“扬名立万”的潜在目的。可惜就一般而言，跟那类柏拉图式的“理想”正相反，但凡书生气比较重的素心人，由于有更加内在和持续的兴奋点，就较少在意是否还身着布衣；倒是那些并无思想冲动与抱负，只关心现实荣宠的世俗人，往往会更着意和算计官场上的升迁。

十五、但即使有过此类的偏离或异化，可在以往的实际历史进程中，由于儒家理想的价值范导，在社会的中心与边缘、上层与下层、官学与私学之间，仍然存在着相对的制约与平衡。无论如何，总会有耕读的世家，总会有世外的高人，也总会有民间的书院，来保藏更为纯粹的针对学理的兴趣。而一旦在那些原属于边缘的地带，又形成了公认的教育和学术中心，则它们在学术和道义上的权威，又会广泛地发出社会辐射，也包括向科场和官场输送去新人，即使是以激愤的语气和批判的形式。正因为这样，相对于结构功能主义的视角而言，我现在更愿关注冲突本身的社会功能；也就是说，正是在中心与边缘的冲突之间，形成了某种相对的纠正与平衡，而这种状态又有显著的社会功效。

十六、此外又要看到，既然所谓“精英儒家”和“世俗儒家”，只属于一种方便的“理想类型”，那么，一旦把它带进现实的生活中，哪怕就是在书院和学堂中，便会发现更多界限不清或犬牙交错的情况。仅就后世道学先生的内部而言，尽管程朱理学未必就属于世俗，可是它既然更偏于普遍主义，足以对引车卖浆者都进行约束，也就更能够囊括和渗入世俗的一面；尤其是，一旦这种理学的内容变成了科举的主题，它也自然就会更流于下层和世俗。而另一方面，同这种夫子庙中的膜拜行为相比，更倾向于神秘主义而不是理性主义的心学，大体上就会更具有精英的倾向，——当然即便如此也不能保证，在这种流派中就不会出现如王艮这样或许可以算是“大俗大雅”的泰州学派。

十七、顺便再说一句，当我在论述中国民间戏曲的功能时，也曾从其他侧面涉及过这方面的问题。比如，在提到“大团圆”

结构中的道德关切时，我就曾经从艺术社会学的意义上，指出过这种艺术现象的社会层级：

> 也许，这还不是李贽、黄宗羲和龚自珍之流的心理——那会表现得更加激愤、透彻与敏感——而只是芸芸众生和市井小民的心理，他们更加安分、妥协、平和与顺遂。不过，也正因为这样，像戏曲与评话这样的艺术创造，才不是发生在精英中国，而是发生在民间中国；而这样的意识活动，势必会顺应着观众的口味而改动，逐渐积分成与正统文本二水分流的、更加贴合下层心理的文化形式。[1]

十八、另一层吊诡又表现在，正因为程朱理学更偏于普遍主义，所以，尽管当年的文化激进主义者曾经大批儒家，以为这种思想不能够匹配现代化，然而那些激进分子却并不了解，其实从江户时代的日本开始，到后来又雁阵起飞的“四小龙”，都正因为这种世俗的儒家伦理，足以对贩夫走卒们都进行约束，反而支撑起了日益活跃的市井经济活动。而相形之下，倒是在儒家思想

1　刘东：“让高高在上者跪下来：‘大团圆’中的社会冲突”，《中国学术》，第三十六辑，北京：商务印书馆，2016 年，第 99 页。

的大本营，由于这种较为外在和僵化的信条，并不能满足士大夫的心智要求，他们反而要到王学中去寻求心灵的自由，儒家思想便不那么容易进行转型。

十九、无论如何，一旦置身于边缘的儒家社会，人们所获的观感是会有所不同的。所以，正如涩泽荣一有过“论语加算盘”的说法，金耀基后来也有“儒家伦理与经济发展”的说法，而后者已属于“反对韦伯的韦伯主义”了。不过，即使也存在着这样的历史线索，当余英时又沿着这条思路，再提出“中国近世宗教伦理与商业精神”的时候，他还是把韦伯利用得太生硬也太过火了。——问题不光在于，既然有了这种虚拟的“准新教伦理”，又如何去解释儒家的核心区在现代化转型上的困难；问题更其在于，又必须从另一个维度提出，即使提倡“明道义而讲功利”的世俗儒家，可以在某种程度上去移植现代化，然而强调“义利之辨”的精英儒家，仍不能苟同这种仅在名义上“合理”的营私行为，而且从长远的文化发展来看，这种“不能苟同”仍有深刻的道理。

二十、否则的话，在海外学者的那类时髦解释中，儒家到头来就什么价值都没有保留，只不过如盐入水般地化入当代资本主义了，而这样一来，中华文明几千年的文化实践，也就没给未来留下任何解毒的良药。——正如我曾经针对林毓生的“创造性转化”之说，而委婉提出的询问和反思：

> 到底要把传统“创造性转化”成什么样子，即究竟是“中国文化的现代形态”呢，还是“西方文化的东方形态”？毕竟，那是属于另一个层面的问题。在那个层面里，传统完全有理由被价值理念化，故此决不可以被当作过完河便不妨拆掉的桥，而应被视为须臾不可稍离的安身立命之本；而且，即使有一天全部的传统都被在现实层面碾得粉碎，这种对传统的价值理想也完全可以合法地传承下去，而决不会被任何文字上的论述证伪。[1]

二一、可无论如何，撇开这些更深层面的学理不谈，借助于上述正反两面的历史经验，我们总算是把握到了事态的复杂性：

> 一方面，一个完整的儒家体系，不仅不会原生地产生“合理性资本主义”，还会对这种所谓的“合理性”

1 刘东：“‘创造性转化’的范围与限制”，《近思与远虑》，第 33 页。

进行价值挑战；另一方面，一个破碎的儒家社会，特别是其中被外援因子激活的世俗成分，却足以移植和继生这种资本主义。[1]

照此来说，我们也就不难顺势来看出，在一个“破碎的儒家社会”中，其实前文所讲的“世俗儒家”，也正好属于它所残留下来的部分。

二二、如此特定的文化残留，也就水到渠成、令人茅塞顿开地解释了，为什么在这个“后儒家社会”中，至少是经济向度中的现代化，反而会以膨胀的速度发展起来。——正如我前不久在回答记者时讲过的：

作为底层的社会心理，世俗的儒家毕竟还残存着，它克勤克俭、隐忍平和、重视教育、讲求信用、看重血缘、尊敬权威。所有这些文化心理要素，都被人们视作了理所当然，其实也包括那些否定传统文化的人，却不知那正是他们的文化前理解，而且也正是这样的文化特性，才支撑了对于现代化的移植，才构成了当代生活的

1 刘东：“韦伯与儒家”，《理论与心智》，2015 年版，第 172 页。

隐秘地基。[1]

二三、别的不说，只要把“克勤克俭”和“重视教育”这两条给叠加起来，那么，凡是搞经济的人都知道，这会给社会的生产带来多大的后劲，而凡是搞教育的人也都知道，这会创造规模何等可观的教育市场，——事实上，它已经让整个国际教育界都为之垂涎了。凡此种种，都属于那个“破碎的儒家文化”的隐形存在。甚至，正因为世俗儒家仍然残存着，其相应的道德直觉也同样残存着，而它又跟严峻的现实构成了悖反，才造成了那些留给媒体去大肆炒作的话题，正如我在同一次访谈中所说：

> 传统一方面确实被毁了，可另一方面还仍然残存，而这又是我们的基础与转机。实际上，对于能不能扶老人，人们之所以感到纠结，就是因为现在的沉重现实，跟他们的道德情感在打架，而这种情感正好来自传统。[2]

二四、无论如何，世俗儒家强韧而隐忍地存在着，以致社会

---

1 刘东：“传统的毁弃与更生——关于当代文化问题的答问”，见本书第 293 页。

2 同上。

的确在顺应着它的企求，表现出了“礼失求诸野”的势头，当然都不能被视作消极的发展。我在其他场合也曾明确地说过，只要现在的孩子都能部分恢复蒙学教育，那么，我们这一代的晚年，就应当会比现在的老年人要好：

> 很有可能，就凭下一代人这么普遍念诵着“人之初，性本善”，他们就远比“文革”中成长的一代，和改革中成长的一代和改革中成长的一代，更能意识到为人处事的标准和底线，而不再总是做好准备去冲破它和蹂躏我们的神经。——果真如此，我们就完全可以把这种常识的恢复，视为对人心的一次有效的收束，甚至视为业已残缺的中国文明，对于本有功能的再一次顽强的自我修复。[1]

二五、但与此同时，我们也应当警醒地看到，正因为当下的这种“国学热”还只是受到了世俗儒家的支撑，所以人们对于儒家学理的心仪，也基本上还局限在世俗儒家的水平上。这方面最为昭彰的例证，就是人们并不会由此拾级而上，而只是停留在对于“心灵鸡汤”的热衷上，和对于某些学界外围人物的追捧上。

1　刘东：“‘礼失求诸野’之后：国学热的冷思考”，《思想的浮冰》，第155页。

事实上，也正是为了提示此中的危机，我才会挤出时间来撰写这篇文章。——无论如何，我们在这方面都不要太过沾沾自喜，倒要从当前失衡的“国学热”看到，精英儒家的折损、式微乃至衰亡，仍然使我们的文明损失惨重，也仍然使我们残损的文化难图恢复。

二六、如果我在前边，对于世俗儒家的特征是这样描述的：“克勤克俭、隐忍平和、重视教育、讲求信用、看重血缘、尊敬权威”，那么，我眼下就要再补充一句，跟某些自由主义者的误解相反，精英儒家倒并不怎么“服从权威”，至少是不会去盲从外在的权威，盖因他们内心还另有学理的权威。唯其如此，他们才有可能在过去的岁月中，哪怕条件和时机仍属有限，也仍要去做出努力去“驯化君主”。——而纵观人类的政治文化史，曾在世界范围内领先的监察制度，以及前边提到过的科举制度，也都是在这种“驯化君主”的过程中，经由精英儒家的接续奋争才产生的，而这切切实实地，就属于具有儒家风范的制度创新，也曾经相对促进了政治文化的清明。

二七、另外，同样重要的侧面是，如果世俗儒家可以去移植现代化，乃至可以支撑一场同全世界的商战，那么，却只有精英儒家才可能更进一步，去同全世界的思想文化进行深层的对话。换句话说，它不是去服从和利用现代化的规范，而是去质疑、反思和化解这样的规范。正是在这样的过程中，尽管它并非为了“说不”而“说不”，然而它真正到了如鲠在喉的时候，还是要建起具有儒家风范的文化批评、社会批评和政治批评。唯其如此，它才能同现实生活，乃至兴起这种生活方式的西方世界，进行良性而富有成果的对话，从而保持儒家学理的自身弹性。相反，一旦只是躲进了高楼深院中，用研究“哲学史”的遁词来自保，那么它尽管也在“文物保护”的消极意义上获得了相对狭隘的学术合法性，却会在现实层面上失去生命力。

二八、最后要说的是，为了支撑起足够的内部张力，和保守住充分的发展空间，真正有识并且有志的儒学学者，必须保持一种高贵而独立的社会姿态，记住所谓“志安公，行安修，知通统类”的古训，也记住陈寅恪的“独立精神，自由思想，批评态度”，以便既去重整精英儒家的心气与士气，也去重建精英儒家和世俗儒家之间的关系。无论如何，只有当这两者间的结构还能保持相对完整时，或者退一步说，只有当我们还在努力恢复或平衡这样的结构时，儒学才能够逐渐去恢复它的内生机理，儒家文化才能具有值得重视的生产性，而“儒家”二字才不至在我们手中被彻底“玩坏”。当然与此同时，我们的社会也才有可能，借此而真正走出它当前的失范状态。

2016年3月17日于清华学堂218室

云中谁携锦书去

——序《东学西渐：北美东亚图书馆 1868—2008》

这本书的英文标题，原意是“收藏亚洲”，我刚一拿到手就满心喜欢，遂也在征得作者同意之后，马上向出版社进行了推荐。

严格说来，此书应当属于“图书馆学”。我虽不研究这一门学问，然而读书人总是爱书的，一旦看到众多方家娓娓讲述，到底经历了多长的积累，才积攒起了如此宏富的收藏，难免心里充满了羡慕。——实在是人生太短太短啊，不然到它们各家都泡上半年，去饱览人家的镇馆之宝，那该会乐何如之！

此外，对于本书中的内容，我还别有一层心结。以前在北大讲授美国汉学课时，原本设立了“空间分布”的一章，它与“代际沿革”相呼应，形成了一横一竖的经纬。不过，受限于时间与精力，我只讲述了各地名校的名家，而无力涉及他们背后的书库，——虽则我也曾访问过不少，且曾相当得益于哈佛和斯坦福的藏书；虽则我也清楚地知道，我的那些汉学家朋友们，在分别获得学术成功的背后，都有这么个书库在默默支撑。

可惜看看身边，我们这边的很多行政领导，甚至是专门奉命掌管大学的领导，都还没悟透这个简单的道理。正因为这样，我在前几年才痛心地写道：

> 仍以我目前任教的这所北大为例。如果仅就这个国家的范围而言，这里也许仍然算得上书卷气最浓的所在。不过，若要当真对照起所谓“世界一流”的标准来，则此间的读书风气还实在差得太远！别的不说，恐怕校方在大唱“世界一流”的时候，对于真正的一流大学究竟应当在图书数量和学生数量之间达到怎样的良性比例，根本就心中无数（这本身恐怕就是不怎么念书的恶果）。所以，图书馆里的典型场景就经常是：就算你理论上在电脑上检索到了哪本书，也很难在书架上寻觅到实物；而就算你侥幸又在书架上找到了它，也会发现它早已被过高的流通率磨损得残破不堪了……那么，再来对比一下国外名校那既满满当当又空空荡荡的开架图书馆，对比一下他们那里规定每位学生可以借阅多达二百册图书的额度，我们真敢吹嘘自己已经或者将要

“入流”了吗？[1]

鉴于国内的图书馆，往往简直是一场折磨，自己才在每次飞越大洋之后，马上如梦方醒地想到，图书馆对于文明社会来说，原是一种必不可少的机构。——这就好比一旦登上赴美的国外航班，还停在首都机场的跑道上，就已开始启动了另一种习惯，满嘴斯文地彼此客套起来了。对于这种被压抑的对于图书馆的渴望，我也曾在上文中接着写道：

> 受这种无奈的条件限制，每次到国外学府讲学时，简直连调整时差都等不及，我就忙不迭地冲向人家的图书馆，并对人家的收藏挑三拣四，好像那从来是我生活中必不可少的一部分。可一旦回到北京的家中，我马上就自觉遗忘了图书馆的存在，想不起来世上还有这种文明的规则，只躲进小楼来坐拥自家的“书城”。由此，不管自己怎样疯狂地买书，也仍会有难以弥补的遗憾，因为不管私人的藏书多么宏富，也无法取代公共图书馆的效用，——那主要地还不是指对哪些特定藏品的利用（只要认准了哪本书就总还可以生出办法），而是指那

---

1 刘东：“千呼万唤‘阅读传统’”，《用书铺成的路》，第 38 页。

种在书山书海中随意翻拣时所可能生发出来的自由联想……[1]

而同样滑稽的是，不光官员为了应付经济绩效，顾不上公众的读书，社会上虽然兴起了“全民收藏”，也同样是一切都向钱看，主要兴趣也只在收藏器物，因为据说那抵得上真金白银。殊不知，文化意义的最重要载体，一向都首推人类专门的图书，不管是纸草，是羊皮，是竹简，是绢帛，还是纸张，因为它们之所以被制作出来，原本是为了负载文明的信息，从而保藏和传递心底的念想。——这就好比对于贝多芬和柴可夫斯基，有好多人都是从手机铃声开始接触的，并不知道那是《给艾丽丝》或《四小天鹅》，所以偶尔从喇叭中听到那旋律，还会诧异地问：“怎么是我的手机铃声？”

我所以要推荐这本书，还因为跟已经翻译的学府指南相比，这本书对于将要漂洋过海的学子来说，自有它很特别的一种实用性，可以帮助人们去按图索骥，知道大致应当去什么地方，去大喝一声——“芝麻，开门吧！”最近几年，财政收入连年上升，国内大学里的博士生们，都有机会带着定下的题目，去申请到国外学府专修一年。不过迄今为止，受信息不对称的局限，他们都

1 刘东：“千呼万唤‘阅读传统’”，《用书铺成的路》，第38页。

只是到网上去冲冲浪，较为随意地大致对上专业，而无法更为便捷地对号入座，去发现正合自己要求的书库，干脆飞到那边一头扎进去。

我甚至还进一步想象，肯定会在不久的将来，我们这边就会建立自己的“学术假”（sabbatical leave），使我们在教书的周期性间歇中，也可以带着久拖未决的提纲，像蜜蜂一样飞到相应的图书馆去，集中精力消化掉一批好书，并就此而完成一项专门研究，然后再带着酿好的花蜜，神完气足地乘兴而归……

真要是到了那么一天，大家便可知我在此所言不虚：或许只有在国外的东亚图书馆中，我们才能更加真确地体会到，自家的文明是何等丰富和恢弘！因为，正是借助于本书所描述的历程，中国文明的厚重历史档案，才被这些珍稀文本满满当当地负载着，逐渐漂向了外部的大洋彼岸，——这就正是所谓“东学西渐”的过程吧？不待言，那些图书中也不光保藏了猎奇的对象，还保藏了很多在这边不可能存世或者不可能公布的资料。比如，在斯坦福的胡佛研究所里，就收藏了从民国到“文革”的各种史料，其中深埋了很多讳莫如深、不为人知的秘密与苦难，有待于被写成许多可歌可泣的著作。

正因此我才深有感触地想：有幸去看管这些宝库的人，才是吾侪中最值得羡慕的，——这正是贪吃成“一肚子学问”的由头，更不要说，他们还因此而谋生得如此安恬优雅！而同学们到国外后尤应注意，这样的图书管理家们，其实也是最好的读书引导者，是学术生涯的另一类导师。此外又不在话下的是，对于图书馆这种收藏圣地来说，其事业发展的最大关键，也在于其得以拥有的收藏家，正如本书的英文序言所述说的：

> 从本书各位作者的生平和他们从事的这个研究课题中，我们可以明确觉察到一股维系我们事业发展的动力。过去北美东亚研究的开创者们曾经漫游世界，广结善缘，开拓创新。他们的这种优秀特质在今天这一批学者型的图书馆员身上体现得淋漓尽致。这本书的作者们通过他们日常的工作（分享编目数据、馆藏、经验和机会）和使命的召唤而携手合作，共同撰写了这本著作。如同图书馆一样，他们也促进了文化的交融。

正是借着这些图书收藏家的接续努力，北美的各个东亚图书馆，才慢慢积攒至现在的规模，由此才体现出了一个“渐”字。就此而言，在“东学西渐”这个标题上，就凝聚了若干代图书家们的心血。此外，从另外一个角度来看，又正因为我们自己的“东学”，是经由图书收藏的渠道而“西渐”，所以，它的副标题中的具体描述，也就作为一种特定的物质形态，展示了东西交汇的文化产物。——因为，中国古代虽也有藏书楼，但却要么属于皇家，要么属于寺庙，要么属于私人，而面向公众的公共图书馆，则是西方市民社会的产物，在这个意义上，所谓的“北美东亚图书馆”，其本身就是集两种文明的优长，并使之相互增效而产生出来的。

由此耐人寻味的是，即使仅从其“图书馆文化”的成熟来看，西方文化的强大与持续，也不会是没有其内在动因的。但另一方面，即使只从它们对东亚文明成果的撷取和收藏来看，我们自家的文化也同样是不可小觑！正因为这样，每逢在国外访问这些图书馆时，我都会油然生出这样的意念：什么时候才能就以这种“图书馆文化”为模板，把这里收藏的内容再反馈回去，并且在国际性和世界性的平台上，借它们而再来重创我们文明的辉煌？

眼下的这本书，也许就是转而回馈过程的开始。——也就是说，这里所提供的各种书讯，说不定就会为下一步的操作，提供出更宽广的想象空间。比如在刚才说过的出国读书方面，或者出国做研究方面，提供相应的便捷参考；再比如在今后的馆际互惠调书、网络资源共享方面，或者彼此交换展览、合作补足善本方面，擦出更多的创意火花；甚至在未来的图书馆员互访方面，提供出一张方便的路线图……

但无论朝那个具体方向走，若想办好一所大学，其图书馆收藏都是至关重要的。——在这个意义上，也许可以对梅贻琦的那句名言，进行一点小小的补充，扩充成“大学者，非谓有大楼之谓也，有大师（和大图书馆）之谓也”！正因为这样，清华大学最近不惜重金，从康奈尔引进了整整一座图书馆，而大大弥补了院系调整后的藏书亏空，使得校园内外的同学们都大为受益，也肯定增加了本校同学的自豪感。同样是出自这种考虑，尽管清华国学院恢复伊始，我们在百忙中却也没忘了此事，遂利用各方面的人脉资源，终于把任继愈教授生前的藏书和麦克法兰教授退休后的藏书，都动员捐献给了本校新近落成的漂亮的文科图书馆！

当然，今后只要还有这类机会，我们就还会继续努力！所以，我也曾就此拜托本书编者周欣平，请他和他的同事帮我们睁大眼睛，再有什么为祖国引进图书的机会，务必赶在第一时间就告知我们，——此乃当下中华腾飞的题中应有之意！周博士出身于语言学研究，算得上是本院赵元任教授的“再传弟子”，跟清华国学院有一份特殊的牵连，所以完全是可以放心指望的。而周博士又反过来，要我为他的这本大书再另外撰写一篇新的序言，以便向中文世界的读者们推介。对于他这个建议，我于情于理都无法不从，所以就勉力写出了上面的文字，也不知道能否权充一篇序言？

2012年2月3日于三亚湾双台阁

不能任由中国文化凋敝下去[1]

腾讯思享会 2015 年度“时代知行者”致敬人物——刘东

刘东在清华大学老图书馆前

1 本文为腾讯文化记者李大白对刘东的采访，经刘东整理后刊此。

致敬理由：

治学三十年来，刘东的知识疆域几乎横跨整个人文领域；从主持翻译“海外中国研究丛书”到创办清华大学国学院，这位学界的“动手派”始终致力于“再造传统”，在促进文明对话的过程中，思索中国文化更具主体性的现代形态。

刘东现在的办公室在清华大学最具标志性的建筑——清华学堂二楼，从这里能看见窗外落了一地的银杏树叶，而在2009年，当刘东与他的好友陈来草创清华大学国学研究院时，他们的办公地点还在老图书馆旁的立斋。

当笔者走进他的办公室时，60岁的刘东正趴在写字台下面的地板上倒腾一个四四方方的机器。

听到有人进门，刘东抬起头，鼻子上挂着一个白色塑料圈。“这是我双十一刚买的吸氧机，我试试好不好使。”吸着氧的刘东接下来开始鼓捣电脑硬盘，“这电脑太慢了，可是一旦用上了，就轻易不敢换，一换就得耽误几天时间。”

几天的时间对刘东来说“太金贵了”，他把学界的人分成两种，一种是“动手派”，一种是“袖手派”，他属于前者。除了主持翻译之外，刘东还与陈来一起创办了清华大学国学研究院，主持杂志《中国学术》。

回过头看看自己做过的活儿，刘东说就像“爬黄山一样，很陡的坡儿，憋着劲儿就上来了，等回头一看，吓自己一跳”。

“历史从来都是傻子创造的。”刘东觉得“袖手派”们太“聪明”了，反而是自己愚钝得很，也正因如此才做得如此丰富：“聪明人太聪明了，他们只能被历史创造，哪儿能创造历史？都说黄河东流去，然而九曲黄河，从来都没朝过正东，太聪明的人，都沿着切线飞出去了。只有咬定青山，朝着日出的方向走过去吧！”

“知行合一”意味着你要吃很多亏

正由于刘东是一个“动手派”，他成为了腾讯思享会 2015“时代知行者”年度致敬人物。在刘东看来，知识和行动本来就应该是统一的，在现实生活中，往往意味着一种“对抗”：“我要用自己的知识去对抗一些事情，比如我不能任由中国文化不断凋敝下去，我也不能坐视只有少数精英可以鸟瞰西方学术的全貌，我绝对不愿用这样的差距来表现自己的知识优势，这才是我进行选择的心结。”

翻译丛书，主办《中国学术》这些事，刘东“都没法填到‘上峰’的审查表格中”，甚至包括认真上课。“你在这样做的时候，表面上很傻，但实际上里面有你自己对体制的一个对抗。”刘东说。

“我上课时，心里想的是老清华国学院的导师陈寅恪。陈寅恪上课有‘四不讲’，古人讲过的不讲，外国人讲过的不讲，前人讲过的不讲，自己讲过的也不讲。大学应该什么样？借用梅校长的那个句式，大楼当然应该有，大师也当然该有，但更重要的是，在大楼里面的大师必须开出伟大的课！”

万圣书园是刘东经常光顾的地方。“每次去一看，发现凡是卖得好的书，青年们欢迎的书，都是报不上成果的；凡是报上成果的都是烂书。”

刘东特别受不了这个，所以，每一个刘门的弟子，进来以后第一次谈话，都是重说“三不朽”，就是立德、立功、立言。不仅是不可偏废，而且次序不得颠倒，立言仍然是最不重要的一件事，因为刘东觉得现在的“立言”就是写那些“伪创新”。

“这又说到知行合一了，德怎么看出来了？其实就是一种对抗的意识。但这问题就来了，你必须得吃很多亏。”

不过刘东觉得，正是自己吃的这些报不上“项目”的“亏”，才让自己立了“功”：写的书是功，给国家培养孩子也是功，把《中国学术》办成汉语世界最好的杂志是功，把“海外中国研究丛书”和“人文与社会译丛”都熬成规模数一数二的丛书是功，清华国学院也是功。

“总而言之，你内在的修为和外在的事功要有联系。你的德也罢，你的志也罢，其实都在这个功里面。这也未必都是在耽误学业。只要你有心，精读的书就会越来越多，学问就会越来越大。所以这些年来，编辑并没有耽误我做学问，反而有所促进。”

“我是介于费正清与史华兹之间的人”

因为长于“动手”，刘东常被人称为“学术活动家”，有的时候是带着贬义的，为这事刘东内心还有过几次挣扎，后来他觉得自己不能完全算是“费正清式”的人，而是“介于费正清与史华兹之间”。

“费正清一辈子没有像史华兹《寻求富强：严复与西方》这样的独创，但他却建立了美国的‘中国学’，并把这种‘例外’的研究方法变成常例。那时候我心里想到的还是应该史华兹好，但是，再读，又发现不对。为什么你可以修正史华兹的书呢？是因为费正清创造了一个 Enterprise（大企业）。有一个著名的故事，叫‘费正清的鱼缸’。当时美国都没有 Chinese Study，就哈佛有，所以哪个学校想开展研究了，就拿个玻璃盆，到费正清这来盛两条金鱼，第一个被盛走的就是列文森。如果说两个人都有偏颇的话，费正清其实还是大于史华兹的。”

刘东觉得费正清最大的问题是“只述别人”，“自己的思想很少”。“然而我并不是，我是一个非常独创的思想家。我去做那些学术组织工作的时候，还是带着牺牲精神去做的。只有在做独创的事情时，我才带着一种享受的精神去做。”

如果这个词是褒义的，那刘东也承认自己是“学术活动家”。“让文化起作用，就是得先建立一个个的小空间，外面再乱再闹，我能不受干扰。学术活动家不就是这样的吗？一个一个窝棚创造出来。大家要都像我，别老去说那个大话，老在网上发那个无聊的呐喊，你不如好好做这个文化建设，一步一步的，这叫什么，这就叫 improvement，一步一步地改进，你把你的东西变大了以后，政治能够干扰你的空间自然就变小了。”

“我在构建自己的目录学”

刘东之所以觉得编书是“功”，一方面是越编自己的“智力”越大，另一方面是能让“西方学术的拱顶”完整地亮在中国学生眼前。

“编辑有两种，一种就是竹筒倒豆子，他不再意识到自己是个学者，编着编着就成了个报油子；还有一种人是越编越大，本院两个老导师——梁启超和王国维就是，我也是，我在构建自己的目录学。”

“我的目录学，我第一次跟你这么说，那是我的‘目录学’！”刘东抬起身子，有点兴奋，“过去老先生一般会给你开一个国学基本书目，但是打开国门以后，每当你要想研究一个新的问题，马上都有一个新的书目。比如说，我开始要认识艺术和社会学之间的关系，其实也是一种目录学。”

“我的求知欲也许太旺盛了，总想用一个头脑涵括太多领域，所以等我全弄明白了，还没来得及写本书，注意力就转移了。其实写本书是你对社会的一个义务，但是我总想再去刨别的事。无论如何，它对我来说是目录学。”

刘东总说自己是在“译百家书，成一家言”，不过这“一家言”也不一定是非得由自己成这一家，而是帮助各个领域的学人“成一家言”。他觉得要征服一个学术领域，最好的办法就是号召大家一起来把这个领域优秀的书翻译出来，让别人也具备了相应的知识背景，这时候讨论起来才有意思：“如果自己全知道，别人全不知道，在国内讨论起来也是自说自话，起不了什么作用。”

“做大学问，我喜欢站在云端去看”

正因此，刘东的研究几乎横跨整个人文领域，除国学外，所治学科依次为美学、比较文学、国际汉学、政治哲学、教育学，晚近又进入艺术社会学。民国学者主张治学应“博而返约”，刘东“博”是有了，但他似乎并没有想要返“约”。

清代大学者戴震把做学问的人分为“抬轿子”与“坐轿子”的。他把训诂、声韵、天象、地理四者视为“肩舆之隶”；至于

“乘舆之大人”，非义理莫属，后来经过胡适、傅斯年、余英时等人的发展而几乎成了学界共识。刘东发挥了戴震的说法：“有十个坐轿子的，就得有一百个抬轿子的。”

刘东觉得做学问“博”最难，就跟“用大笔写大字”一样，“你得把它的间架搭得特别匀，这一条就特别难。不要以为你会写小字就会写大字。有人在小事上很清楚，一旦拿大的时候就会糊涂。在学术界这样的人很多，他没有办法去统摄所有知识。这些知识不能说你光知道的多，就跟书柜似的，那没用。你必须得靠这些知识，把自己举起来，再去看这些知识，就跟写大字是一样的了。你就有那样一个视点，每一个局部放大或缩小，得出的结论都不一样，要有那种平衡感。”

“博和约之间是什么关系？约是我们治学都得做到的事情，但是得清楚一条，约是为了举起你来，让你达到‘博’的。就像脚手架一样，当你能看得到全局的时候，每一个结构都是完整的，你才知道整个人生是怎么回事儿。”

“就我这种个性，我更喜欢站在云端去看。非得什么时候急了，我才能拨开云头好好地跟你说。”

刘东眼中“真正博大的人”，是那些“让中国文化史为他打一个结，甚至做一道转折”的人。“整个中国文化史中，也就那么几个人可以够得上这种水平的，周公、孔子、朱熹，再小一点还有王夫之等等。”

若不是因为当年手术的意外，梁启超差一点就“打上这个结”了。“你们不要看梁启超的文章写的比较简略，按照当年的文风，写那么啰唆干吗？西方人的东西进来，我们才学着写得复杂。但正因为他比较简略，才能够以比较大的平衡感去横跨那么多的领域。”

“总而言之，‘古之学者为己，今之学者为人’。要有古风，要知道作知识不是贩卖给政府用的，也不是为了谋求身家的，而是为了能够把你个人的视点越抬越高，看事情越来越平衡，知道来龙去脉，知道任何知识的局部应该安置在什么位置。”

“我离李泽厚远的时候才离他最近”

恩师李泽厚是对刘东一生影响最大的学者，他觉得自己一生中有很多事情，“是沿着李老师创造的一种值得用终生去追随和开拓的思路”。

“人家问过我这个话题，我就说你们现在还别问。其实，对一个思想家最好的回忆，就是去思考他的思想，而不是用一种愚众的态度去说他说的都是真理，这样的话他也是会无聊的。我肯定是李老师的学生中最像李老师的，这也带来一个问题：你得像李老师那样去思考。”

说起话来滔滔不绝的刘东此时抽着雪茄，沉吟半晌。窗外的景色正是清华一年中最美的时节，有故都的秋的味道。

刘东23岁才念大学，27岁大学毕业，甚至在他的第一本学术作品——《西方的丑学》出版的时候，他还不认识李泽厚。"我和李老师是年轻的成人和比较大的成人之间的关系，好的时候我们两人简直就是忘年的好朋友。我见李老师是我一生的荣幸，他有我也是他的一个快乐。"

"如果你是一个无形的人，可以不被察觉地坐在中间，见到我和李泽厚两个人对话，那就是'金风玉露一相逢'，我们俩是用跳棋的办法说各种各样的问题。你可以跟不同的人谈这谈那，唯独李老师，我可以跟他说所有的事。他恐怕也是这么对我的。"

李泽厚去美国之后，刘东与他的联系少了，原因有很多，"他过去不这样，他后来是老了，不那么容忍我放言了。"刘东说，"我一生，失去了李老师这样的对手，到现在为止没有再享受过那种快乐。"

"我离他远的时候离他最近，两个人一见面又争执起来了。他一走，我就想他，有时候夜里做梦，梦到我和李老师两个又哈哈地笑了，醒来以后不禁黯然神伤。"

刘东觉得自己并没有老师李泽厚那样幸运，60岁的他有一种"晚期写作"的紧迫感，也有一种"拔剑四顾心茫然"的失落。

"我在北大、清华教这么多年书，也想要一个那样的学生，可是谁是下一个刘东？这就是一个吊诡，现在还是我在拼命做，但你周围全是来倾听的人，倾听都是好孩子，你寂寞吗？你长叹吗？陈寅恪他们接受这个职位的时候才 30 岁，我都比他们大一倍了，这些人在哪儿？没有了。”

刘东觉得自己和李泽厚之间的小 trouble，是“一个思想家和另一个思想家之间的 trouble”。“如果我遇下一个小刘东我该多快乐啊，但是反过来，你真有了，那他就不会老听你的话了。老听你的话就不是刘东了，就不是小李泽厚了。如果没有，你会觉得人生只是孤独。”

“只有极少数人才适合去攀登学术的最高峰”

刘东在清华国学院新的五位教授中是最年轻的，但他觉得自己的时间越来越紧迫了。“现在外国人给我写信，希望我出国。我一般回信的时候，都假装没看见这句话。”因为他要去“攀登学术思想的最高峰”，这个事只有极少数人才能干，而 99% 的人都适合去当“学术二传手”。

他之所以不愿意去“二传”，是一种程度上的迫不得已：“如果你认为我们现有的国学知识，都已经相当令我们满意了，那么去做做二传也不错，现在实际上很多都是古董观念。中国有多少人能够做进一步的知识创新，让中国的思想和西方进行对话？”

“巴黎又炸了，人类困扰的就是这个。当你面对这么大的一个困境和想法的时候当然没有工夫去二传。”刘东来到清华园六年，就已经出版了九本书，其中有些属于专著，有些则汇总了他此前在一些报刊、杂志和大学的演讲，但这在他看来“都不算什么”，因为他要开始“晚期写作”了，也许明年就会拿出三四种更成体系的著作。

“所有的学者，只要有晚期，他都有这个紧迫感，比如维特根斯坦。孔子到最后不行的时候，才开始删诗书定礼乐。比较典型的晚期写作是贝多芬，他晚期写了 24 首钢琴曲，又突然用专业弥撒的曲调去写《第九交响曲》，一直都是萨义德、阿多诺他们的讨论对象。”

“我现在就是晚期写作。晚期写作为什么难懂？就是他时间不够了，他不管你们听懂听不懂，你们听不懂后人也许有人懂，但我没时间了。”

采访结束时，刘东在“双十一”买的包裹又到了一个，这次是“冬虫夏草”，当然还是为了延长写作的寿命，刘东觉得这次买的“东西不够好”，但还得吃，哪怕也不知有用没用，毕竟生命对于自己只有一次——“我有那么多想法要写，真怕没有时间写完！”

文
景

Horizon

社 科 新 知　文 艺 新 潮

引子与回旋

刘东 著

出 品 人：姚映然
责任编辑：冯慧敏
封扉设计：储　平

出　　品：北京世纪文景文化传播有限责任公司
(北京朝阳区东土城路8号林达大厦A座4A 100013)
出版发行：上海世纪出版股份有限公司
印　　刷：山东临沂新华印刷物流集团有限责任公司
制　　版：北京大观世纪文化传媒有限公司

开 本：820mm × 1280mm 1/32
印 张：11　字 数：187,000　插页：6
2017年5月第1版　2017年5月第1次印刷
定 价：56.00元
ISBN：978-7-208-14286-2 / B·1244

图书在版编目（CIP）数据

引子与回旋 / 刘东著. —上海：上海人民出版社，2017
ISBN 978-7-208-14286-2

Ⅰ.①引… Ⅱ.①刘… Ⅲ.①哲学思想-中国-文集 Ⅳ.①B2-53

中国版本图书馆CIP数据核字（2017）第007428号